開かれている門

ヨハネの黙示録のメッセージ

クニィ・ベルガー◉著
三野孝一◉訳

教文館

私たちの孫たち、ハンナ、エミリー、カラ、ヘレム、ベレヘレム、アナベル――そして、これから生まれる孫たちに捧げる。

あなたたちが小さい時からイエスのものであること、イエスがいつも共におられること、イエスにあってすばらしい将来があることを理解するよう願って。

Oop Deure:
Wat Openbaring ons oor die kerk se lewe en roeping leer
by Dr. Coenie Burger

The Japanese translation by Dr. Koichi Mino

日本の読者へのあいさつ

数か月前、出版社のヒディオン・ファンデルバット博士から私に電話があり、ある人物が私の著書『開かれている門』を日本語に翻訳したいと願っているとの連絡を受けた。私はこの電話に、言葉を失うほど驚いた。というのは、この小さな著作はアフリカーンス語で書かれており、それも私の国、南アフリカのキリスト教界という文脈の中で、私の国の教会を対象にして書いたものであったからである。そのために、本書が日本という文脈にある教会にとって有意義なのだろうかと思案した。これが、私の心に浮かんだ第一印象であった。

しかしながら、私がこれらのことを思案していた時、本書のメッセージは普遍的、かつグローバルな意義を持っていることを認識するようになった。本書は教会がより宣教的な体質になるように鼓舞し、力づけることを心に描いて書かれたものである。「教会がより宣教的な体質になること」は、今や世界中の教会の関心事でもある。私自身も実際に、教会が宣教的な教会となることを目指している国際的グループの一員である。そして、南アフリカから遠く離れた日本の教会も同様に、このことに強い関心を持っているに違いないと思い始めた。

私たちはこの「宣教的」という言葉を、旧来の「伝道活動」という概念とは異なる概念として用いている。私の所属している教会は長い間、遠くの国々に宣教師を派遣するという伝道活動に深く関わってきた。その過程で、私たちはしばしば自分の足元にある教会の事柄や課題を見過ごしてきた。もしこの「宣教的」という意味が、神が私たちの教会を置かれたそれぞれの文脈の中で「福音に基づいて生きる」ことをおろそかにし、宣教活動のために遠い国々に宣教師を派遣するというのでは整合性がない。両方のことが求められているのである。

ヨハネの黙示録という特異な書物が告げているのは、教会は困難や苦難の時でさえ宣教に励まなければならないということである。これこそヨハネの黙示録の明確なメッセージの一つである。そして、このことは近代化や物質至上主義的な風潮にさらされ、戦っている多くの西欧化された国々の諸教会の課題でもあると、私は認識している。そのことは、少なくとも南アフリカ・オランダ改革派教会の場合に同様であり、日本の諸教会もまたそうであろうと私は想像している。このような状況の中でヨハネの黙示録は展望が見えず、困難の中に生きていても、門を開いていてくださる父、子、聖霊なる生ける神に私たちが仕えていることを想起させてくれるのである。

本書の日本語への翻訳について抱いた私の躊躇や不安は、ファンデルバット博士から本書の翻訳を申し出たのが日本キリスト改革派教会の三野孝一牧師であると告げられるに及んで、まったく軽減された。私は同氏のことを彼がステレンボッシュ大学の博士課程で学んでいた時からよく知っている。彼はアフリカーンス語をよく理解できるばかりでなく、私の同胞の南アフリカ人の素敵な女性マレッタさんと結婚している。また私は同氏が良い改革派神学者であることを熟知しているので、彼の翻訳には信頼している。本書の翻訳のために労苦してくださった三野孝一牧師、マレッタさんに、そして私の著作に対して彼らが示してくださった信頼に、私は心からの感謝の意を表したい。

この小さな著作において解説されたイエス・キリストの福音、すなわち、三位一体の神の福音が、日本においてキリストのために働く兄姉に、励ましと新しい希望を与えるものとなるように、心から祈っている。

二〇二一年四月、ケープタウン・ゴールデンスベイにて

クニィ・ベルガー（Coenie Burger）

序　言

クニィ・ベルガー博士は、三〇年以上にわたって広い分野で、多くの信仰者の生活と教会に大きな影響を及ぼしている数々の著作を執筆してこられた。本書を読んで、私は私たちの国の歴史における暗いアパルトヘイト（人種隔離政策）の時代に、若い信仰者としてその政策に対して抱いた葛藤を思い出した。私自身のアパルトヘイト政策からの決別は、神にある希望に満ちた、幸いで信頼できる将来の発見によって促された。その時代に私を指導した先輩たちは、人生を理解するためには、まず神にある希望について明確にする必要があることを教えてくれた。この『開かれている門――ヨハネの黙示録のメッセージ』は、多くの信仰者たちにとって、彼らが今日戦っている新しい課題に寄与するものであると思う。

本書はクニィ・ベルガー博士のこれまでの著作と同じように、驚くべき広範な聖書的、神学的知識に裏付けされている。彼は、読者の生きている時代に精通した驚くべき視点を提供している。私がこの「序言」を書いている時に、コロナウイルスの衝撃が黙示的大波のように世界に、そして私たちの国に押し寄せている。世界はコロナウイルスの前と後ではもはや同じではないことが徐々に明らかにされつつある。不安が私たちの社会の至るところで明らかに感じられる。このような時に、またまさにこのような時にこそ、クニィ・ベルガー博士が言うようにヨハネの黙示録という書物が実際に必要であるということを、改めて確認するものである。ヨハネの黙示録は、さらなる恐怖を語るためではなく、人生の最も深い問いに慰めと希望を与えるために書かれている。

本書に見られる明快で新しい洞察は、クニィ・ベルガー博士が宣教的視点からヨハネの黙示録の意味を解き明かしていることに由来する。過去にしばしばなされたように近視眼的に聖書の箇所を理解するのではなく、困難な時代にある教会に向かって「神の宣教」(missio Dei) を将来の視点から解き明かしているからである。本書は神の将来、また、信仰者として確かな将来について、私たちがより鮮明に知るように招くものである。この「終末論的」希望に満ちた視点は、人生における現在の課題を新しい光のもとで見、希望に満ちてそれらに取り組み、変革をもたらすよう促すものである。ヨハネの黙示録は、私たちのために希望に満ちた将来の概要を描いている。この書物は神にある希望の姿に目を向けさせ、私たちが今日戦っている戦いには負けることがないのだと慰めてくれる。それゆえに、解き明かされた希望は、希望的観測や啓発訓練セミナーが教えるようなものではなく、三位一体の神ご自身とキリストにある、勝利と愛に満ちた真実に基づくものなのである。

私は、黙示文学とヨハネの黙示録の文学的様式についてのクニィ・ベルガー博士の解説は、大変明快であると思う。彼の解説によると、黙示文学は通常危機の時代に成立し、創造の(最終)目的とは何か、どのような権力や力が歴史を支配しているのかという問いに劇的な方法で答えを与えるものである。私たちが今日まさに経験しているような危機の時代には、人々はどこに、また誰に希望を見出すことができるのかという問いに答えを求める。危機は将来を見失わせる性質を持っている。それで、私たちは将来などあるのかと、いとも容易に不安な思いに陥ってしまう。そして、私たちは世界が崩壊するということを経験する。それゆえ、繰り返しヨハネの黙示録に目を向けるように訴えたい。神が私たちに準備された将来について明確に知っているならば、周りの世界が崩壊していくように見えても、希望を失うことはない。この視点を持ってヨハネの黙示録に目を向けるならば、クニィ・ベルガー博士が解説しているように、この書物は困難な時代の中でも慰めと活力を与えてくれる。ヨハネの黙示録は、いつでもすべてはうまくいくという偽りの希望によって私たちを慰めるのではない。反対に、物事は時には私たちが想像するより悪くなることも想定している。したがって、ヨハネの黙示録が提供しているのは、単なる将来についての教義学的な理解だけではない。それは強く実存的な性格をも帯びたものなのである。ヨハネの黙示録は、将来に関する新しい、希望に満ちた堅固な想像力を呼び起こす。この書物の黙示的性格は私たちのために、将来がどのようなものか、その姿と展望を描いている。困難な状況の中でこの希望の姿を見ることができる人は、すでにその時から抜け道を見出し始めている。

クニィ・ベルガー博士は、黙示録は私たちが現在しているように一人で読むためのものではなく、教会で朗読されるという意図を持ったものであると解説している。そのようにして、教会が描く将来の姿は形成される。私たちが今日プロジェクターで〔聖句をスクリーンに投影しながら〕聖書朗読に耳を傾けるように、物語から想像力を働かせてその姿を形成するのである。将来の姿を鮮明に想像することができる人は、困難な時にもこの将来の実現に向かって献身的に努力し続けることができるのである。

二〇二〇年受難節

フレデリック・マレー（Frederick Marais）

目　次

装丁　熊谷博人

序文　どの書物にもストーリーがある

どの書物の背後にも一つのストーリーが、時には二、三のストーリーがある。本書の背後にあるストーリーを語ることにより、読者の方々にとって私がなぜ本書を執筆したのか、またどのような意図を心に描いていたのかを理解する助けとなると思う。

第一のストーリーはもう一〇年以上も前のことである。私は二〇〇八年に『イエスは今どこにおられるのか』(Waar is Jesus nou?) という本を執筆した。それはイエスの昇天について多くのクリスチャンたちが持っている誤解について書いたものであった。イエスは昇天して私たちのもとを去られたのはなく、ただ別の姿で、新しい仕方で私たちのもとに現臨されているというのがその本の第一のメッセージであった。

その時、キリストの昇天についてより深い理解へと私を導いたのは、一冊の書物、スコット・ドーソン (Scott Dawson) の『キリストは昇天された――キリストの受肉が継続していることの意味』(Jesus Ascended: The Meaning of Christ's Continuing Incanation, 2004) であった。その書物の最後に、ドーソンは大変短く彼が奉仕した教会の歩みについて述べている。彼らは共に、ヨハネの黙示録 (以下、黙示録) に記されている諸教会への七つの手紙によって、主は自分たちの教会に何を語りかけようとしておられるのかを自問しつつ読んだとのことである。私たちは黙示録において、困難な状況の中に置かれた諸教会が孤立してはいなかったことを知る。ヨハネの見た第一の光景は、イエスが燭台の間を行き来しておられたということである。ドーソンが強調した点は、今日でも変わらず真実であると信じる！　イエスは私たちと共におられる。そして、私たちにも語りかけておられる。それゆえ、私たちもまた聖霊が私たちに語ろうとされることに耳を傾けなければならない。

私はさまざまな理由からその提言に賛同する。それが教会に実りをもたらす方法であると思う。私はこの提言について前回の書物では取り組むことができなかった。しかし、それ以来、私はこのことについてぜひ執筆したいと思ってきた。私は、私たち一人一人と共に、そして教会と共にいてくださるというキリストの約束が、福音の良い知らせの大きな一面であると心から信じている。そして、イエスは今沈黙してはおられず、私たちが聞く耳を持つならば、イエスは今日も語りかけておられることを私たちは知っている。私は、諸教会への七つの手紙を教会で共に読むことが主の御声を、そして主が聖霊によって私たちに語りかけようとしておられることを聴く助けとなると長年考えてきた。

何年にもわたって、私は折々に――他の仕事や著作に取り組む合間に――、黙示録を読み続けてきた。黙示録は容易な書物ではない。そして、多くの注解書がいつも参考となるとは限らない。というのは、それらは多くの事柄について見解の相違があるからである。私は当初、この書物の難解な箇所は無視して、「よりやさしい」七つの教会への七つの手紙がある2章と3章に焦点を当てようと考えた。しかし、すぐにそうはいかないことに気づいた。なぜなら、4－22章に諸教会が耳を傾けなければならない実際のメッセージがあるからである。それが本書の執筆作業をかなり大きなものにした。

二〇一二年頃からそこに第二のストーリーが加わった。二〇一三年、南アフリカ・オランダ改革派教会（以下、NGKerk）の総会は、過去数十年の中でも重要な一つの決議を採択した。それは、私たちはより宣教的な教会になる必要があるという決議であった。そこで私たちが主張したことは次のことである――私たちが何をなすべきか、また教会がどうあるべきかは自分たちで決めるのではない。私たちは主によって召し出され、救われた者たちであるから、まず主の御声に耳を傾ける必要がある。私の印象では、大多数の教会はこの決議に賛成し、これを実際にどのように実行すべきなのか問い始めた。私たちがそれ以来試み始めた新しい訓練の一つは、主の御声に一人一人が耳を傾けるということであった。まずこのことからこの課題に取り組み始めたことは大変良いことであった。

総会のこの決議に積極的に賛成した多くの牧師たちのグループの一員として、私は多くの話し合いや作業を指導し、NGKerk（また他の教会）において教会がより宣教的になるための作業を手助けしてきた。私たちは牧師のための研修コースを設けて、奉仕をしてきた。また講演会や協議会を企画し、書物を出版してきた――このすべてが役に立ったと信じている。教会はより外側に向かって生きるべきであるというこの訴えかけは確立し、かなり多くの牧師たちは書物を読んだり、そのことについていろいろと考えている。私たちはこの過程で、他の多くの教会（教派）との関係をより深く築くことができるようになったことを感謝している。宣教的な教会という考え方を持つ教会は私たちNGKerkよりも多く、私たちはこの歩みの中でより大きなグループの信仰者たちと共に道を歩んでいるのだ。

しかし、その折々になおも気になることがあった。第一の懸念は、私がいつも自問していたことである。それは、このことを模索する過程で私たちが十分に聖書を読み、十分に深く聖書に傾聴しているだろうかということであった。そして、私はある時――ずいぶん昔、博士論文を書いていた頃だが――、ベリー・ヨンケル教授（Willie Jonker 元ステレンボッシュ大学神学部教養学部門）に、人々が変わるためにはどうするべきか、どうすれば人は悔い改めるようになるのかと尋ねた。同教授は、「人は主の言葉に耳を傾けることにより、聖霊によって変わるものだ」と言われた。これはまさに宗教改革的な答えであり、また私が個人的に何度も経験したことであった。そのため、私は時折、私たちは自分自身の思いに浸って、十分に聖書を学び、聖霊に耳を傾けていないのではないかという不安を持っていた。私は人が聖書を読み、すぐに適用できる青写真を得られるとは思わない。しかし、聖書の中にある他の人々の経験や生ける神がなさることを聞く時、聖霊が私たちの心と想像力とを感化し、私たちに新しい思いとエネルギーを与えてくださるのである。

第二の懸念は、私たちの大多数が――牧師も含め――、西欧文化の楽観的見方で変革や変化というものを見る傾向にあるということである。私たちはほぼ毎日のように、事業や組織の変革プロセスを三年から五年で「よく、徹底的に」達成するということを耳にする。教会においても私たちは、問題の迅速な解決（比較的、痛みを伴わずに）を求める傾向にある。私たちは葛藤や苦難というものを嫌う世代と文化の中に生きている。物事は容易に解決されるものだと、私たちは信じてしまう。

しかし、深く見つめると、教会（そして特に教会生活）において、物事は確かにそううまくはいかないものである。歴史が、そして聖書がそのことを私たちに告げている。長く生きれば生きるほど、経験からも知らされることである。現実をよりよく直視し、正直であることが必要である――教会、そして各個教会をどう見るかにおいても。私たちには持久力――「長期的視点を持つ霊性」――が求められる。これはただ西欧的楽観主義による気分から得られるものではない。そうするならば、ただ失望と幻滅で終わってしまうのである。私は黙示録がこのための助けとなると信じている。黙示録は強い宣教的意識と響きを帯びているが、私たちがこの書物に性急な成功策を求めるならば、それは徒労となってしまうだろう。

第三の懸念は、教会の刷新のためにはどうするべきかを、諸教会についての詳細で熱心な経験に基づいた調査によって考えようとする誘惑に陥ることである。これは残念ながら、否、幸いにもうまくいかない。確かに、勤勉な、経験に基づく人間学的な研究は必要ではある。しかし、それだけでは問題の解決にはならない。私たちの深刻な問題は、私たちが教会のことを分かっていないところにあるのではなく、私たちが福音を理解せず、それを本当に信じない、そして信頼しないところにある。それゆえ、もし宣教活動から祝福を得たいと望むなら、私たちはもっと聖書の神の福音を、イエスと聖霊についての教えを深く理解するよう努力する必要がある。

これらの懸念を心に抱きながら、私は黙示録を共に学ぶことが、三つの課題すべてに対する助けとなると分かり始めた。黙示録は特に希望に満ちた書物であるが、その一方、この書物は決して教会に対して楽観的すぎる見方をしていない。この書物の中に息づいている希望は、人間や意欲ある教会から来るものではなく、父なる神、子なる神、そして聖霊の御業についての新しい理解によって確かにされるものである。黙示録は、私たちが第一に必要とするものは、新しい戦略や計画を作成することではなく、改めて福音に耳を傾け、自分自身のものにすることだと語っている。

本書の背後にある第三のストーリーは、より最近のことである。少し前に出版社CLF（Christelike

Lektuurfonds キリスト教図書基金）と、黙示録のメッセージに関する教会向けの書物を出版できないかと話を始めた時、彼らは大変積極的であった。その後、編集者であるヒディオン・ファンデルバット博士が電話で、このような書物はやはり二〇二〇年のペンテコステの礼拝に用いることができるのではないかと助言してくれた。このことについて熟慮すればするほど、私はその助言は役立つものだと理解するようになった。ペンテコステの時期は私たちが聖霊について語りたい時であり、聖霊が教会の中で、教会を通して働かれる時である。黙示録は、教会が今日も、復活して栄光を現しておられるキリストの現臨のもとで生きていること、主が今日も聖霊によって私たちに、またご自分の教会に語りかけておられることを理解する助けとなる。主が最初の世代の諸教会に語りかけられた言葉に耳を傾けることによって、主が今日、私たちに語ろうとしておられることを聞く助けとなるのである。

本書は三部から構成されている。

第一部では、黙示録という書物自体と、その広範なメッセージを論じる。まずは、黙示録という書物が教会にとって重要であることを強調する章から始める〔第一章〕。どのような理由であれ、私たちが黙示録という書物を軽視することは誤りである。第二章では、この書物の重要性に焦点を当てる。私は多くの注解者と共に、黙示録のメッセージは特に教会に宛てられたものであり、この書物は並はずれて、周囲の状況が困難になり始めたとしても、教会が自らの宣教的使命を受け入れ、忠実に実行するのを助けようとするものであると確信する。ルーク・ジョンソン（Luke Timothy Johnson アメリカの新約聖書学者、初代キリスト教史学者）は、黙示録は「クリスチャンとして存在することは、悪魔の面前で、明らかな希望のない状況にあっても生かされることであるのを私たちに示そうとしている」（The New Testament: A Very Short Introduction, 2010）と記している。第三章では、著者ヨハネの懸念は、ローマ帝国が「ローマの平和」（Pax Romana）の名のもと人々に提供したその思想と生活様式という政策を、教会が無批判に見過ごしていることにあった点に注目する。彼はそれが偽り、不正、高慢であって、その社会制度は邪悪さの上にあり、うまくいくことはないという事実のもとにあることを示すのである。

　次の三つの章は、ある意味で本書の心臓部である。第四章では父なる神について、第五章ではイエス・キリストについて、第六章では聖霊について取り扱う。黙示録は、聖書の中でも三位一体の神とその働きについて明白に語っている書物である。それが黙示録の中核にある。その理由は、ヨハネがローマの平和（Pax Romana）に対抗して提供するのは、私たちは父、子、聖霊なる神とその御業を信じるという福音だからである。私たちがこれらを三つの章に分けて扱うのは、ヨハネが神におけるそれぞれの位格（人格）の本質とその御業をそれぞれ独自の仕方で見ており、また語っているからである。第七章では、私たちが待望する神の国の到来、イエス・キリストの再臨、新しいエルサレムについてのヨハネの叙述を見る。

　本書の第二部（第八章から第一四章）では黙示録2－3章のアジア州にある諸教会への七つの手紙に焦点を当てる。これらの手紙は大変重要であって、黙示録が思弁に満ちた空想的な書物や秘密の暗号などではないことを思い起こさせるものである。この書物は、困難な時代の中で存亡の危機に直面した、現実の教会に向けて書かれたものである。それは一方で、諸教会が弱く、容易に危険な横道にはまり込んでしまうことを思い起こさせる。しかし、他方で、それは諸教会が神の恵みをもって活動することができることを示し、励ますものである。

短い第三部は、私たちが教会として、主ご自身と共にまた互いと共に生きること、そして主が宣教への召命について語っておられることを共に聞く方法、またそれを反映させるため、教会がこの書物をどのように用いたらよいかについて、いくつかの提言をしたものである。

この本の表題である「開かれている門」（Oop deure. この「門」は複数）は大変な苦難を経験したフィラデルフィアの教会への手紙から採ったものである。私たちはともすると、宣教的であることは教会がうまくいくことであり、宣教する機会は遠くから来るものだと思い込み、そのことを夢見がちである。それに対して、黙示録は困難な時代であっても、私たちの想像を超えて、福音を証しし、奉仕をする機会が間近にあることを告げるものである。

私が見聞きすることから今日でも疑いのないことは、南アフリカにおいても、そして全世界においても明らかである。ただ、私たちの近くにおられるイエスを見、聖霊が私たちに語り、教えておられることに耳を傾けるならば……。

第一部　黙示録が告げる福音、神の隠された意図、そして教会の役割

第一章　なぜ、黙示録は軽視されてはならないのか

1　軽視された書物？

ヨハネの黙示録という書物は、教会の中で不幸な歴史を辿ってきた。何世紀にもわたってこの書物に対して多くの疑問が提示され、その特異な言葉遣いや表象が問題とされてきた。そして、この書物が貢献する役割には、必ずしも注目が向けられては来なかった。

それは初期の頃からそうであった。テルトゥリアヌス、エウセビオス、キプリアヌス、そしてヒエロニムスなどの教父たちはこの書物に関心を抱かず、この書物を聖書の中に入れようとはしなかった。宗教改革者たちもまたこの書物に戸惑いを持っていた。ツヴィングリは黙示録に否定的な姿勢をとり、ルターもさらに率直に「この書物は『書かれている言葉を守る者は幸いである』と言っているが、この書物に書かれていることを誰も知ることができない」と語っている。カルヴァンは確かに、黙示録について否定的なことを言ってはいない。しかし、彼は新約聖書にある他のすべての書物の注解書を書いたが、黙示録については何も書かなかった。

この姿勢を理解することはそれほど困難ではない。聖書は特異な書物であるが、その中の他の多く

の書物はそこに何が書いてあるか比較的よく理解できる。しかし、この黙示録は別の惑星のもののように感じる。そこには天使、翼を持った不思議な動物、怪物、数字が刻まれた存在のことが記されている。またそこには不思議な都、激しい戦争、ハルマゲドンのことや六六六という数字、封印やラッパ、鉢のことが記されている。助けなしに自分だけでは、特にこの書物の中央部分を理解することは大変困難である。

教会が黙示録を軽視してきた第二の理由は、この書物が熱狂的集団やバランスを欠いた人々の独占本であったからである。ある人は、狂信的な集団の領域の書物と言った。事実セクト的、カルト的グループの人々がしばしば自身の存在と活動様式を黙示録から築いたとてつもない論理の上に正当化した。例えば、チャールズ・マンソンや、テキサスのウェーコで数十人の人々が共に死んだグループの両方は、黙示録を多用した。

それでも、話にはもう一つの側面がある。当初からこの書物の特別な価値と独自のメッセージに触れて、評価した神学者が存在したことである。そして、このことにもまた多くの人々が抵抗を感じたとしても、黙示録が私たちの聖書の中に入れられ、今日も聖書の中の一書とされている理由である。大変興味深いことに、特に芸術家たち、それも偉大で著名な芸術家がこの書物と深い関わりを見せている。ゲオルク・フリードリヒ・ヘンデルの有名な「メサイア」は黙示録から強い影響を受けている。人々によく好まれているハレルヤ・コーラスの多くの部分は、黙示録にあるすばらしい礼拝の場面から採られたものである。芸術家、画家の中では、アルブレヒト・デューラーの「一六の木版画シリーズ」（黙示録の四騎士）が黙示録をモチーフにして描かれた。ミケランジェロ、フィオーレのヨアキム、ヤン・ファンエイクとその兄フーベルト、そしてウィリアム・ブレイクなどの芸術作品にもまた黙示録の影響が反映している。

2　なぜ、黙示録に耳を傾ける必要があるのか

私たち教会が黙示録を軽視するならば、それは誤りを犯すことになる。この書物は、聖書の他の書物からは聞くことができない特徴的な様式での、独自のメッセージを持っていると主張する学者たちがいる。私たちはなぜ、黙示録に耳をよく傾ける必要があるのか、すでに挙げられているいくつかの理由をまず述べることにする。

多くの学者たちの間で、黙示録は聖書の他の書物以上に、私たちクリスチャンが信じている三位一体の神について明確に語っているということで意見の一致がある。最初の挨拶がすでに明白に三位一体の神の名においてなされている（1・4〔－5〕）。そして、それがこの書物全体を貫いている。すなわち、父、子、聖霊なる一人の神という事実である。さらに驚かされるのは、ヨハネがまた神における位格（人格）それぞれがどのように私たちに手を差し伸べ、働きかけられるのか、そして、私たちの受けた召命がどのようなものかを明らかにするのを助けていることである。本書の第四章から第六章で神のそれぞれの位格がどのようなものであるのか、またそれぞれが行われる御業に注目する。

ヨハネはただ神について鮮明に語るだけではなく、この世界や人生についても語り、諸教会に対して彼らが生きている混乱した時代をよく把握できるようにしている。彼はこの世界をおよそ悲観的な

姿で描いている。多くの人々が物事はあたかもうまくいっているかのように思い、ローマ帝国は自らが作り出したローマの平和を誇っていたが、しかし、その大部分は見せかけと偽りに満ちていた。もう少し深く見るならば、そこには混沌と非人間性が満ちていた。封印が解かれ、ラッパが鳴り響き、そして鉢の中身が注がれた時、この黙示録の中ほどで展開される異様で躍動するこの世の姿は、この世の軛《くびき》のもとで抵抗している地と人類を象徴的に描いたものである。ヨハネは私たちが人生をより深く見つめ、目に見える表面的な華やかさにとらわれることのないように教えようともしている。

私たちがここで耳を傾けるべき情報の一つは、私たち教会とクリスチャンはこの混沌や苦難から逃れられないということである。その理由は、私たちがこの世界の一部として生きており、この世界の力が私たちにも及んでいるからである。もしそのことを自覚するなら、私たちは自分が経験する多くの労苦や苦しみを和らげることになる。そしてまた、それらは私たちにとって異なるものとなる。というのは、ヨハネはすべてのことが継続しているその間も、主はご自分の子どもたちを、教会を、そしてその中に私たちも含まれている一四万四〇〇〇人を御手の中に置き、守られると保証しているからである。

黙示録が告げるメッセージに私たちが耳を傾けるべきなのは、ヨハネが明らかに、そして鮮明に、クリスチャンとして生きる私たちに希望を語っているからである。この書物全体がまさに希望のメッセージであり、私たちはそれを必要としている。特徴的なことは、ヨハネはただ希望を失わないようにと語るだけではなく、私たちの希望の源泉を見せるため努力を重ね、それを見せようとしていることにある。この書物はまた独自の仕方で、主が私たちを導かれつつある新しい都、エルサレムのことを語っている点でも特徴的である。ヨハネは最後の三つの章〔20－22章〕で私たちがやがて見ることを許される都についてより多くのことを告げている。それらすべてに耳を傾けるならば、黙示録はその都の姿や約束がどのようなものかを日々教え、地上での今の生活に示唆を与えていることが分かる。

黙示録を軽視してはならない最後の理由は、次のものである。それはこの書物が聖書の最後に収められている――主が私たちに記された最後の言葉である――ということである。改革派教会は、それが最初にあるか最後か中ほどにあるかによって、聖書の中のある書物が他の書物よりも重要だとは決して考えない。人間が聖書の教えに基づいて聖書の各書を配列したという理解もあるが、それは一つの学説である。黙示録を繰り返し読む時、私はますますこの書物の独特なメッセージが主の教会への最後の、それも緊急の中で語られた言葉なのだという思いを抱くようになった。私たちはそのことを見過ごしてはならない。

3　黙示録のメッセージをひもとくいくつかの鍵

黙示録が、聖書の中でも決して読みやすい書物ではないことはすでに述べた。大部分の箇所では、明らかに比喩的、象徴的表現が用いられている。それがこの書物を理解不可能なものにしている。そのようなわけで、この書物を理解するためには助けが必要である。幸いにも、その助けとなるいくつかの鍵がある。

黙示録は、ヨハネという一人の人物がパトモス島に追放されていた時に書いたものである。彼はおそらくアジア州の出身で、ポリュカルポスは彼がエフェソの教会の長老であったと言っている。彼はよく、ヨハネによる福音書やヨハネの手紙を書いたのと同じヨハネではないかと推測される。しかし、大多数の専門家はそのように考えてはいない。〔黙示録の〕著者は〔福音書や手紙の著者〕ヨハネと同じ学派またはグループではなかったかと考える人々はそれなりにはいる。

１章から明らかなことは、彼がアジア州――小アジア、現在のトルコ西部――にあった七つの都市の教会に手紙を書いたということである。それらの都市がどこにあったかは知られており、その中のいくつかは今なお存在している。地図を広げ眺めて見ると、それらの諸教会は馬蹄形に位置している。その配置は手紙がおそらく一つの教会から次の教会に順番に転送されて、礼拝の中で声高に朗読されていたのではないかと想像させる（３節と比較）。

多くの注解者たちは、ヨハネがこの手紙を書いたのはドミティアヌス帝の時代であるということで一致している。おそらくそれは紀元九〇年から九六年頃である。他の記録からもたぶんこの時代であると言える。それは教会にとっては困難な時代で、彼らは抑圧の中で生きていたと言うことができる。この点については後で詳しく見ることにする。

手紙の内容からもまた、ヨハネがこれらの手紙を書いたのは、困難な時代の諸教会を励ますためであったことが明らかであるが、同時に彼らが自らの召命を忘れることなく、イエスを、そして福音を証しすることを怠らないよう鼓舞するためでもあった。彼は諸教会に、自分たちが誰に属し、誰を信じ、誰を待望しているかを思い起こさせ、もう一つの視点、すなわち、神の視点から周囲の生活を見つめるように促そうとしたのである。

1章から、黙示録〔全体〕は手紙である（4節）と同時に預言的言葉であり（3、19節）、そして啓示または黙示（ここで用いられているギリシア語は「アポカリュプシス」）であることが分かる。最初の1章と2章は理解することが容易である。そこから比較的容易に、この書物が手紙であると見てとることができる。2章から3章にかけては諸教会の一つ一つに独自のメッセージが告げられていて、ヨハネは諸教会を直接知っていたのではないかと考えさせるものである。この手紙の残りの部分（4－22章）は諸教会の皆が傾聴すべきメッセージである。そのメッセージの主要な部分は預言的言葉、またはごく近い将来に彼らに関わる重要な事柄についての主からのメッセージである。その明確なメッセージの一つは、時代は彼らの多くにさらに困難をもたらすかもしれないので（2・10）、彼らはその心備えをしなければならないということである。第三に、この書物もまた（新しい）啓示を含んでいる。問題は、この啓示が私たちにはあまり馴染みのない、「黙示」と呼ばれる種の言語と文学様式で書かれたものだということである。この部分が、まさに黙示録の難解な理由である。

4　黙示文学の背後にあるものは何か

「黙示」という言葉のもとのギリシア語（「アポカリュプシス」）は、文字通りには、「啓示」を意味する。私たちの耳には大変奇妙に聞こえるが、それは黙示録が書かれた前後の時代の著作家たちが頻繁に用いた文学様式であった。ダニエル書の大部分もこの様式で書かれている。この様式はその時代比較的知られていて、読者や聴衆にとってはそれほど奇異なものではなかったと思われる。

この文学様式によって書かれた書物は通常、困難な時代、ほぼ絶望的な状況の中で成立し、その背後には、誰が本当の歴史の支配者なのかという苦難の中からの叫びがある。通常、著者は大きな、また劇的なこの世の諸力の間の戦いについて語ることによってこの叫びに答えるのであり、最終的にそこに善なる者（神？）が現れる。戦いの最後にはその者がほめたたえられ、まったく新しい時代が到来したという看板が掲げられ、正義と公正が勝利する。「黙示」文書の特徴はまた大きなスケールでの比喩であり、象徴として奇妙な生き物がそこに用いられる。数字もまた重要な役割を演じている。

それゆえ、ヨハネの時代の人々はヨハネが黙示的表象と言語を用いて彼らに書いたことを理解できたはずである。彼らはこの表象と比喩がすべて文字通りに受け取るべきものではないことを知っていたし、その全体像がこの様式で語られていると了解していたはずである。彼らはまたヨハネが旧約聖書と強い関係のある比喩を用いていることにも、すぐに気づいたに違いない。すぐに数字の意味も理解したに違いない。すなわち、四は世界全体を表すものであり、一二は教会を表す数字、七は神または完全を表す数字、六また六六六は神をまねるが、終始神には及ばない悪を表す数字であることを知っていた。

この手紙の最初の重要な点については、ヨハネが通常の黙示的様式から離れたということも悟ったに違いない。彼は他の黙示文学がそうしたように匿名では書かなかった。読者は誰からこのメッセージが来たかを知っていた。彼はまた誰が、またどのように救いをもたらすのかについてあいまいにしてはいない。彼はそれが神とイエスから来ることを知っていた。実を言うと、真に驚くべき朗報はすでにもたらされており（21・6）、それゆえ、戦いはすでに勝利されているのだ。私たちはただ、最後の戦いが決着するのを待つだけだということを知っている。ヨハネが逸脱しなかった一つの線は、他のどの著作家よりも、私たちの救いはただ主にのみ期待できるのだと知っていたということである。決して私たち自身で戦い、悪とその仲間に抵抗し続けるのではない。神が私たちに代わって戦われ、勝利なさるということである。

この手紙の最初の部分に、この書物の黙示的部分を理解する助けとなる重要な道しるべが与えられている。ヨハネの諸教会に対する指示は、この書物は机上でのんびりと学ぶべきものではなく、礼拝という場で声高に朗読すべきもの、傾聴すべきものだと告げている（１・３）。この最初の箇所の持つ重要な意義を理解し始めた時、次のことが私にとって大きな助けとなった。もし、黙示的部分の一つ一つの言葉や比喩をばらばらに解釈し、説明しようとするならば、それは間違いを犯すことになる。そのような解釈は当時の人々の聞き方ではなかった。彼らはより大きな物語に注目したのである。彼らがかつて知り、親しんでいた世界や社会についての比喩や象徴がそこここに見られるが、主張はその全体にあったのである。後に人々の記憶に残ったものは、そのいくつかは理解できたがほとんど意味が分からなかった数十個の比喩ではなく、その全体像であり、一、二の圧倒的出来事また経験であって、彼らが受けた印象だったのである。黙示的部分は詳細で正確な事実の集合体ではなく、大きな比喩全体や印象全体を告げるものである。

この段階で、次のことを述べておくことが重要である。それは、信仰者たちがヨハネの物語を聞いた時に最初に思い起こしたのは、旧約聖書にあるエジプトからの脱出であったに違いないということである。比喩や象徴の多くは、エジプトでの災いやその時代の他の出来事を示唆している。諸教会はそこからすでに重要なメッセージを聴いたに違いない。そして彼らは現在経験している苦難をエジプトからの脱出と荒れ野の四〇年に重ね合わせたに違いない。彼らはいまだ約束の地に入っておらず、今は別の仕方で再び荒れ野の四〇年を生きている！　しかし、その時代と同様、彼らは神がおられ、新しい都に行く途上にあることを知っていた。神はかつてなさったことを再びなさると知っていた。

信頼できる注解者によれば、黙示録を徹底的に読み、特に黙示的表現により深く着目することは、思いがけない仕方で今日の教会を助けることになる。黙示的表現は、第一に私たちの脳と思考の合理的な部分には働きかけないが、特に私たちの想像力を解き放とうとする。注解者たちは、現代の信仰者たちの生活においては（「信仰的展望」という意味における）想像力が、旧約聖書や新約聖書の範例よりもごく小さな役割しか果たしていないと言う。ウォルター・ブルッゲマン（Walter Brueggemann）が言うように、私たちが預言と呼ぶものは、旧約聖書においてはまさに預言的展望である。つまり、預言者たちは、主は過去になさったことに基づき、将来ご自分の民を必ず再び救われるという展望を抱かせるのである。私は本当に、現代人の私たちは神がなさることについて想像力や展望を大きく持つことを失ってしまっていると思う。若者は幻を見、老人は夢を見る（使２・17）という聖霊の時代に今生きているにもかかわらず……。

5　なぜ、ヨハネは諸教会に手紙を書いたのか

読者の生きた時代状況をよりよく知ることは、黙示録を理解する助けとなる。私たちはアジア州の

諸教会に宛てられた手紙が紀元九〇年から九六年頃に執筆されたことをすでに知っている。政治的に言うと、その時代はローマ帝国の全盛期であった。ローマ帝国はアジア州を含む、当時の世界の大部分を支配していた。彼らの支配の仕方には奇妙なあいまいさがあった。ローマ帝国は圧倒的な権力を持って時に残忍なことをした一方、表向きには一見まったく寛大であった。彼らは通常、支配下の地域の支配権をその国民に委ね、ローマ帝国の支配下に生きることは結局良いことなのだと思わせようとした。ローマ帝国はその権力によって平和を存続し、その被支配民族にある程度の安心を保証したからである。それはローマ帝国が保証する平和、「ローマの平和」として知られていた。

これまでに注解者たちは、黙示録の諸教会は信仰のゆえに抑圧、迫害を受け、殉教の危険のもとに歩んでおり、ヨハネはその困難な状況の中で彼らを慰め、励まそうとしたという見解を受け入れてきた。しかし、最近の研究では、紀元九〇年から九六年頃にはおそらくクリスチャンに対する直接的な迫害はなかったということが明らかになりつつある。黙示録自体からも実際にただ一人だけ、ペルガモンのアンティパスという人物が殺されたということを知るだけである（2・13）。この書物を読むと、状況は緊迫しており、ヨハネがさらに厳しい迫害があると予測していたことは明らかである。しかし、彼がこの書物を執筆した頃、迫害は〔まだ〕それほど酷いものではなかった。

最近の注解者たちは、同化への危険、すなわち、周りの文化に適応し妥協する危険の方が大きな問題であったとする。クリスチャンが生きる中で抑圧は常に直接的な迫害とはならないが、むしろ仲間外れにされ、孤立し、疑いの目で見られ、不利益を被るということがあった。その理由は、彼らが異教の共同体の行事や祭儀に加わろうとしないからである。このことは諸教会への手紙からも見ることができる。ヨハネが厳しく警告しているニコライ派やイゼベルの支持者たちという敵対者は、周囲の文化に対してより開放的で、妥協する姿勢をとるように誘う、教会の中の一派であった。

信仰者たちの心の奥底にある不安という強い感情によって、抑圧が強められることがあるのを見定めることが重要である。彼らが与えられた新しい信仰はいまだ大変幼く、どこでも根づいてはなかった。彼らの最初の指導者たち（使徒たち）は皆、この時期にはすでにこの世を去っていた。彼らはどうしたらよいかはっきりと分からない新しい状況に直面したのである。そこかしこで、彼らの新しい信仰が持っていた展望や期待が望んだようには実現しないということが起こった。これらあらゆる要因が、すでにくすぶっていた疑いや不安をあらわにした。彼らは新しい信仰にどれだけ期待できるのか。多くの場所で彼らの信仰は進展しそうもなく、世界を燃え上がらせるようには見えない。事態はそれとは逆方向に向かっているように思われた。

この状況の中で、ヨハネは一貫して、信仰者たちの目とその焦点を神とイエスに向けることによって励まそうとするのである。彼らが日々ローマ帝国の見せかけと偽りとを見抜いて、イエスに目を向け続けるなら、すべてのことは少し楽になるはずである。支配的な文化活動に同化してしまうような道は歩むべきではない。もし、クリスチャンがそのようなことをすれば、三位一体の神を放棄することになる。ヨハネが諸教会に願ったことは、〔モーセの十戒の〕「第一戒に忠実であることである」（チャールズ・タルバート［Charles Talbert］）。同化、妥協、譲歩は安易な道であるが、それはどこにも導くことがない。

最も大きな問題は迫害ではなく同化の危険性であったということが、黙示録という書物に対する私の見方を変えた。このような理解は即座に黙示録を私たちに身近なものとする。第一世界〔先進諸国〕に生きる多くのクリスチャンはあからさまな迫害に遭遇することはない。迫害についてあまり知らない。私たちはキリスト教が――ともかく名目上は――社会を支配している国に生きている。むしろ大きな危険は、私たちが生きている世界の豊かさに惑わされていることである。この点は、黙示録に見られる人々とあまり変わらない。ヨハネのこの書物は、私たち自身の生活と主への献身について省みることを助けるものであると、私は確信する。

6　黙示録全体の流れ

本書を出版する目的は、ヨハネの黙示録という書物全体の注解を書くところにはない。その意図は、私たちが今日、黙示録から教会とその召命、その働きについて学べるということに着目するところにある。そのために、この書物のある部分にはあまり詳細に触れない場合もある。

しかし、ヨハネがその時代の諸教会に宛てた広範なメッセージを扱うために、この書物の全体像を把握することが必要である。残念ながら、学者たちの間にはこの書物の緒論〔著者、著作年代、執筆の目的、その書物の特徴や構成などの論説〕についてかなりの見解の相違がある。ここでの私たちの目的は、すべての学問的詳細や文学様式を理解することではなく、この書物が語っている事柄、また全体の流れを把握することである。それは要約すると、次のようになる。

- 1章で、ヨハネは自分が主から啓示を受け、諸教会に手紙を書くように指示を受けたと語る。彼は栄光の中におられるイエスを見るという光景を通して、その指示を託される。

・2章と3章はヨハネが諸教会に宛てた七つの手紙である。このすべての手紙にはある一定のパターンがある。本書の第二部で、それら一つ一つの手紙を詳しく見ることにする。

・4章と5章は黙示録の心臓部である。ヨハネは聖霊によって天に引き上げられ、玉座におられる主を、そして巻物の封印を解くにふさわしい小羊、すなわちイエスを見た。

・6－11章には黙示的様式で、七つの封印が解かれ、七つのラッパが吹かれたことが述べられている。封印とラッパ〔そして、後に鉢〕でもって、ヨハネは悪がいまだ活動する余地のあるこの世界で、私たちが見張りとして立てられているという全体像を示す。これは悲惨な物語である。世界は悲惨の中に浸っていて、主がある時点までそれを容認しておられる。災いは信仰者たちにも及ぶ。しかし、この部分のいくつかの箇所〔例えば、7章〕ではヨハネが信仰者たちに焦点を当て、主がどのようにこの混沌の中でご自身の子どもたちを守られるのかを明らかにしている。

・12－16章には同様の歴史が少し異なる角度から述べられている。今や〔世界の〕舞台裏を覗き見、目に見えない主役たちによって演じられる役割を見る――その一方が三位一体の神であり、もう一方がサタンとその仲間である、海から上って来る獣と地中から上って来る獣である。その後、最後の災いとして七つの裁きの鉢が注がれる。

・17－19章には世界都市バビロン〔ローマの別称〕の、究極的にはその滅びに至る姿と場面が、さまざまな誘惑と共に描かれている。

・この書物の最後の部分である19－22章では、バビロン〔の滅び〕がキリストの再臨の約束、新しい天と新しい地、そして新しい都エルサレムの約束と対比される。

7　黙示録の主題

すでに述べたように、黙示録は諸教会に宛てたものである。本書では二つの側面から教会とその宣教の召命を見る。

第一部である第一章から第七章においては、ヨハネが七つの教会に向けた広範なメッセージの全体に注目する。まずはヨハネが諸教会に告げた驚くべき強調点に目を向け、それぞれの教会が主の救いの計画にあずかるために何が必要であるかを正確に理解することに努める。その後に、ヨハネがどのように神を除いた世界——傲慢でありつつ、脆さと苦しみを抱えている——を描いているかを見る。

次の三つの章〔第四章から第六章〕では父なる神、イエス、聖霊とその御業について語っていることを見る。私の見解によれば、それは黙示録という書物の心臓部である。

第七章では、ヨハネが描き出す、主がその子どもたちに約束された新しい天と新しい地、そして新しいエルサレムに注目する。そして、これらの約束がどのように神の国への私たちの希望と熱意を強めるのかを理解することに努める。

本書の第二部においては、主がヨハネを通して七つの教会に語られたことを、私たち自身の教会のものとするように思い巡らす。この手紙を読むとき、私たちはいつも共に、キリストの霊は私たち自身の教会とその召命について何を語ろうとしておられるのかに耳を傾けなければならない。

第二章　黙示録が告げる神の宣教（missio Dei）と教会の役割

１　黙示録において、教会は重要な役割を果たしている

黙示録という書物自体にもう少し時間を費やすと、一つの驚くべきことは、この書物において教会が大きな役割を果たしていることである。このことは、一見するだけでは見過ごしてしまう。特異な黙示的な描写の方に目を奪われてしまって、教会についてたくさん言及されていることを見逃してしまう。多くの人々は誤って、黙示録は反キリスト、政治的戦い、終わりの時について語るものと考えている。しかし、実際にこの書物が語っていることは、キリストとその教会について、そして諸教会がそれぞれ生きている時代の中でなすべきことは何かということである。最初の三つの章を読むなら、その中心的な注目点が教会にあることが分かるはずである。

ヨハネは自分が主から受けた啓示を「アジア州にある七つの教会」に送るようにと指示を受けた（1・4）。11節でその指示が再びなされ、七つの教会の名前が挙げられている。ヨハネが自分に語りかけた方の姿を見ると、七つの燭台――これは七つの教会のこと――があり（1・20）、その間には「人の子のような方」がおられる。これがイエスである。その後、2－3章に七つの教会への詳細な

メッセージと、それぞれの教会への指示を記した手紙がある。ここから明らかなことは、この書物全体の性格とは主から諸教会への緊急メッセージだということである。1章3節で、この書物がどのように取り扱われるべきか指示がなされている。この書物は教会という場で声高に朗読され、皆に聞かれ、心から受け入れられるべきものなのである。

12章の大部分が語っていることは、――そこでは女として描かれているが――教会のことである。この章は、教会の背後にある大きな物語を理解したいと思うなら、重要である。ここでは教会がどのように、またなぜ人間によって、さらに悪そのものによっても攻撃されるのかを告げている。しかしまた、主がどのようにいつもご自分の教会を取り囲み、守り、召命に応えられるように力を与えてくださるのかを知らされる。この書物の他の部分においても教会が注目されており、中央部分（6－16章）においてさえ、いつも教会のことを語っている。

他の多くの新約聖書の書物と同様に、黙示録も教会に強い関心を寄せていることは明らかである。教会は神の救いの経綸（計画）の中で特別重要な役割を担っている。テモテへの手紙一で、教会は福音の真理の担い手であると語られている（3・15）。レスリー・ニュービギン（Lesslie Newbigin）は、教会が重要である理由を、主が教会を福音の第一番目の注解者にしようとされたからだと述べた（The Open Secret: An Introduction to the Theology of Mission, 1978〔『宣教学入門』鈴木脩平訳、日本キリスト教団出版局、二〇一〇年〕）。教会が自身の生活や召命を十分真剣に受け止めないために、時折苦悩するというのは皮肉なことである。困難な状況にあるクリスチャンは時折政治に「救い」を求めるが、その一方で、主はご自分の教会に目を向け続けておられるのである。

2　黙示録では都市も大きな役割を果たしている

黙示録という書物において関心が向けられているのは教会だけではない。大変奇妙なことであるが、都市にも関心が向けられている。七つの教会の名前は、教会のあった都市の名前から採られたものである。１－３章で挙げられている七つの都市はすべて、小アジアに実在する都市であった。七つの手紙から明らかなことは、ヨハネがこれらの都市についてよく知っていたということである。というのは、それぞれの手紙のあちこちで、その都市の生活や歴史にちなんだ指示や助言がなされているからである。

主が諸教会に望んでおられることは、彼らがそれぞれの都市でイエスを証しすることであると、イエスを信じるようにとの希望と期待を込めて告げられている。それは、そうすることがそれらの都市において簡単なことではなかったからでもある。後ほど、手紙の一つ一つを見ることにするが、その活動はまったくもって容易ではなかったことを知る。にもかかわらず、それらすべての手紙において主は教会を励まし、ご自分を忠実に証しするようにと言われている。

この七つの都市についてもう少し知ろうとすると、あることに気づかされる。それは、諸教会がそれぞれの都市でイエス像を背負うごとく、もっと影響を及ぼすようにと告げられていることである。このことは主の計画の中にあったが、しかし、諸教会に繰り返し正反対のことが起こる――さらにそのことが現実にあちこちですでに起こりつつある――ことも警告されている！　そのように平穏にしているなら——それは怠慢に近い——、サルディスの町は教会を汚染し、ラオディキアの教会はその町の水のごとくぬるま湯になってしまうのだ！　ここから諸教会に託された宣教への召命を大変明確に聞くことができる。私たちは自分が生きたいようには生きられない。私たちはクリスチャンとして召されており、イエスと福音の証人となるよう指示を受けているのである。

またこの書物で大変重要な役割を果たしている二つの都市がある。それはバビロンと、黙示録の最後の数章で聞くことになる新しい都エルサレムである。この意図は明らかに、この世の都市と神の都市とを対比することにある。私たちはこの二つの都市の狭間に生きているようなものであり、私たちは心をどちらに置くのか選択しなければならない。バビロンは多くの人々を堕落させようとする淫らな女性として描かれている。しかし、18章はバビロンの陥落と、その繁栄と富がいかに一瞬のうちに滅ぼされるかを告げている。

それに対し、黙示録の最後の数章で、私たちはヨハネの目を通して神の国を、新しいエルサレムを見るのである。ここで私たちが把握すべき重要なことは、バビロンの問題は都市そのものにあるわけではないということである。都市それ自体には何も問題がない。

問題はバビロンの人々が神を崇めず、神に従わなかったことにある。教会は何世紀にもわたり、今日まで都市に対して肯定的ではなかった。年をとれば田舎に戻ることに憧れて、田舎での子ども時代の日々を懐かしい思いで語る。私自身の属する教会でも長い間、都市で働くことを勧めてこなかった。郊外にある（少し田舎の雰囲気のある）教会は繁栄し、都市の中心では伸び悩んだのは事実であった。しかし、もし宣教の業に励もうと思うなら、この点を見直さねばならない。地球上の人々の半数以上はすでに都市に生きており、二〇五〇年までに世界人口の三分の二は都市に住むと予想されている。この予想は必ずしも誤りではないだろう。主は都市よりも田舎の地方を好まれるわけではない。両方とも主のものである。

ある人は、創世記１章からヨハネの黙示録22章までに見られる進展によく耳を傾ける必要があると言う。主は初め、私たち人間に園――楽園――を与えられた。このことに感謝しよう。園はすばらしいところである。しかし、主は最後に、私たちが住むために都市を与えられた――それもすばらしい、新しい都市である。主は私たちが都市で働くことにも「よし」と言われる！　私はある時、サンフランシスコの町の中心にある精力的な、新しくできたばかりの教会に行ったことがある。彼らにどうしてここで教会を始めたのかと尋ねると、「私たちはこの町を愛している」という答えが返ってきた。これが彼らの合言葉なのである。

主がご自分の教会を宣教に召されたこととは、黙示録の多くの箇所で主旋律のように耳にする。神はすべての民族、国民にイエスのことが告げ知らされることを望んでおられることを、何度も耳にする。それは、イエスの血はすべての人のために流されたからである（５・９、７・９、14・８、15・３－４）。私たちはこのことを、15章３－４節にある歌の中で、特に美しい形で耳にする――「全能者である神、主よ／あなたの業は偉大で／驚くべきもの。諸国の民の王よ／あなたの道は正しく、かつ真実です。主よ、誰があなたの名を畏れず／崇めずにおられましょう。聖なる方は、あなただけです。あらゆる国々の民が来て／あなたの前にひれ伏すでしょう。あなたの正しい裁きが／明らかにされたからです」。

キリストの福音、イエスがもたらされた救いと贖いは、ただ教会や教会員だけに向けられたものではない。教会は、この偉大で驚くべき神の御名とその救いを、すべての人に告げ知らせるために召し出され、救われたのである。

３　主はご自分の教会をことごとく知っておられる――主の教会への配慮

黙示録において知らされることは――そして顕著なことは――、主が教会を気遣っておられるということである。このことはこの書物のそこかしこに見られる。七つの手紙の一つ一つで、主は教会のことをことごとく知っていると言われている。主は彼らの良い点も彼らの誤りと欠点をも熟知しておられる。しかしながら、主は彼らを捨て去ろうとはなさらない。彼らとの結びつきを、彼らとの関わりを解こうとはされなかった。これらの手紙を丁寧に読むならば、主の気遣いを見過ごすことはない。このことは、諸教会に共通した一通の手紙ではなく、それぞれの教会に宛てて個別に手紙を書いたという事実からも分かる。その背後には愛があることを知る。フィラデルフィアの教会への手紙において、主は教会に敵対する者について、次のように言われた――「彼らがあなたの足元に来てひれ伏すようにし、私があなたを愛していることを彼らに知らせよう」（３・９）。このメッセージは聖書の他の箇所でも同じように耳にすることができる。神が私たち一人一人を独自の方法でご自分の像に似せて造り、私たちの名前を知り、私たちが主に愛されている子どもであることを繰り返し保証してくださることを知らされる。信仰者の一人一人にそうなさるのなら、私たちの教会もまた同じである。主は私たちを呼び出し、そして――七つの手紙を改めて読んでほしい――主は密かに私たちに大きな期待を抱いておられる。主は今私たちの教会に目を注いでおられ、私たちが行っていることを喜んでおられるか、またはそうではないかもしれないのだ。

主がこのように気遣ってくださることは、この手紙の中央部分〔6－16章〕において、教会の姿と共に災いと裁きがあちらこちらで開始されたと報告される時にも耳にする。まさにそれらの箇所において私たちは取り巻く怒りのただ中にある教会の姿を見るのであるが、その意図は、主がいつもいかにご自分の教会を守り、保護しておられるかを示すことにある。そのことは特に7章と14章1節に見ることができる。7章では信仰者たちが守られるために〔額に〕刻印を押され、14章ではキリストの名と父なる神の名が彼らの額に刻まれていたと言われている。アジア州の小さな教会は、信仰者たちの数はおびただしいとの驚きのニュースを耳にした。私たちだけではない。主は私たちが知り、また想像しているよりも多くの子どもたちを持たれ、彼らは全世界に広がっているのである。

主によるこの気遣いを最もよく要約している箇所の一つは、1章12－13節である。ヨハネはイエスが燭台の間、すなわち、諸教会の間に立っておられると告げている。さらに少し先を見ると、主は右の御手に七つの星、すなわち、教会の指導者たちを持っていたとも言われている。私は個人的には、1章の主の姿は教会がその目を向けて、心に刻むべき最も重要なものであると考える。私自身の生活、そして奉仕において、この姿はいつも頭を上げて先に進んでいくよう私を力づけてくれた。クリスチャンであること、教会の一員であることは、いつも喜んでばかりはいられないと知ることだと、もう十分に耳にしてきた。嫌なことも私たちには起こる。物事は望み通りにいくわけではない。時には幻滅したり、失望したり、時にはまったく孤独な気持ちになったり、これから先どうなるのかと自問することさえもある。そうであったとしても、私たちが振り向いて、そこにイエスがおられ、ゆったりと燭台の間に立っておられるのを見るならば、事態は大きく変わるのである。

4　主は教会に大いに期待しておられる

教会への慰めに満ちたこのような姿は黙示録の最後にではなく、最初の箇所にある！　主はただ諸教会を慰められるというだけではない。主は彼らを悔い改めにも招いておられる。主は現実を包み隠されない。ヨハネは事実、サルディスの教会に「私は、あなたの行いを、私の神の前で完全なものとは認めない」と書いた〔3・2〕。

私たちは聖書にある警告の部分を正確に理解する必要がある。主はまさに厳しく、私たちの能力以上のことを求められはしない。それは、主が私たちのできることとその可能性を知っておられるからであり、主が私たちの中におられて、キリストと聖霊によってそれにふさわしい者にしようとされるからである。主はただ甘やかし、私たちを今あるままにしておかれるのではない。

私たちはこの原則を子育てからも知っている。いつも甘やかして、子どもたちが欲すること、やりたいことだけをするのを認めたりはしない。子どもたちは愛され、自分たちが気にかけられていることを知る必要がある。しかし、時に両親は、あることができるように子どもたちを支援し、促す必要がある。そうされないと成長はしない。

そのことを黙示録においても明確に知る。すでに2章と3章でイエスは諸教会を愛し、彼らを気遣っておられるが、主は彼らの間違いを指摘することを遠慮したりはされなかった。キリストは私たちの限界や弱さ、怖れを知っておられるが、私たちにとって何が本当に良いことか、何を自力でできるのかも知っておられる。主はありのままの私たちを受け入れてくださるが、私たちをそのままで放っておくことはなさらない。3章19節で、主がご自身の教会の一つに語られたことからこのことを知る――「私は愛する者を責め、鍛錬する」！　主は時には私たちに厳しく語られる。Ｃ・Ｓ・ルイス（C. S. Lewis）はもし私たちが聞こうとしないなら、主は叫び声を上げられると言う。その理由は、主が私たちを気に留められないからではなく、まさに主が私たちを愛してくださるからである。

どの手紙にも、多かれ少なかれ同様のパターンがある。それぞれの場合に、少し違った形でイエスが紹介される。イエスはまず、教会が行っている良い点を褒められる。しかし、その後主は彼らの良くない点を語られる。それから、主は教会になすべきことを指示される。そしてすべての教会が警告を受ける部分のその最後に、悔い改めの呼びかけがなされることを見逃してはならない。悔い改めはただ未信者だけに求められるのではない。主に立ち戻ること、人生を主に明け渡して成長することは、私たちの生涯にわたってなされることである。これでもう終わった、これでよしとするならば、事態は醜く歪み始めることになる。

現在では、ここで起こることを説明するために、変革や改革という言葉が使用される。しかし、それは悔い改めや回心、新生また聖化ということを言い換えたものである。

変革という言葉が用いられるのは、主がご自分の子どもたちの生活の中で行おうとされることを積極的に説明するからである。主は私たちをキリストにおいて義とし、子どもとされた後に、聖霊を与えて、私たちを全人格的にキリストの似姿へと変えてくださる。

ユージン・H・ピーターソン（Eugene H. Peterson）は霊的変革のプロセスには通常三つの側面、または段階があると述べている。彼はこれを「積極的な肯定」（positive affirmation）、「是正訓練」（corrective discipline）、そして「動機づける約束」（motivational promise）と呼ぶ。彼は黙示録に関する優れた著作『逆雷』（Reversed Thunder: The Revelation of John and the Praying Imagination, 1988）の中で、七つの手紙にどのようにこの三段階のプロセスが機能しているか、見ることができると述べている。そこには通常まず、教会への評価と、彼らが良いことを行っていることの確認がある。続いて、誤りへの率直な言葉があり、それがどのように是正されなければならないかという助言へと続く。第三段階は、主がなさった約束を教会に思い起こさせることによって服従へと促される。

ピーターソンはこの三段階のプロセスを、ギリシア語の「パイデイア」または教育と呼ぶ。これは共同体が彼らの理念、理想、美徳を次の世代に引き継がせるよく知られた方法である。本書の第二部で手紙の一つ一つを見る時、再びこの三段階のことに触れることにする。ここで耳を傾けるべきことは、私たちの人生において訓練や忍耐力なしに生じるもので価値のあるものは少ないということである。ジョン・ストット（John Stott）はある時、聖化は自動的に起こるものではない、「聖化とは私たちがただそこに流されて行くようなものではない」と述べている。カルヴァンは両者（慰めと悔い改め）を結びつけ、教会は私たちを養い育て、慰める母であるが、主が私たちを教え、私たちを形成する学校でもあると述べている（『キリスト教綱要』Ⅳ・１・４－５）。

5　教会は何をなすべきか

主は教会に何を求めておられるのか。この問いには、長い答えと短い答えの両方に耳を傾ける必要がある。長い方の答えは、本書の第二部で、主が七つの教会の一つ一つに語られるところでより詳しく見ることにする。第六章――そこで聖霊の御業を見る――でも教会の働きについて述べるが、この段階ではただ短い答えの方を見ていくことにする。

イエスが教会に望んでおられることを黙示録の中から一つの言葉で引用するなら、それは「証し」である。主は教会が忠実にご自身を、また福音を証しする証人であることを望んでおられる。すでに1章でこのことを最初に示しているのが、ヨハネ自身がパトモス島に監禁されたのは「神の言葉とイエスの証しのゆえに」（9節）であると書いていることである。興味深いことに、黙示録でよくイエスのことを呼ぶ名前の一つは「真実な証人」というものである（1・5、3・14）。これは新約聖書ではあまり馴染みのないイエスの名前である。ここではそれが二つの理由から用いられている。第一に、イエスと同じようでありたいのなら、私たちも証人となることだからである。第二に、イエスが真理のために生きたように、私たちも真理のために生きる準備をすべきだからである。

このことは教会について語る重要な11章で、教会が主のメッセージを異邦人に告げ知らせる「二人の証人」とされていることからはっきりと聞き取ることができる。この二人の証人は厳しい時代を生き、最終的には自分の命を失う。しかし、その後で勝利したのは、彼らが思ったように（7節）彼らの敵対者たちではなく、真実な証しをした（そして死んだ）、この二人の証人であるという、あまり聞き慣れないメッセージを耳にする。また、二人の証人の命（そして死）は、多くの人を畏れさせて、神に栄光を帰すという結果をもたらした（13節）。これはちょうどイエスがご自分の十字架と死により私たちを引き上げて、悪に勝利されたのと同じである。同様のメッセージは12章11節でも耳にする。教会はサタンに勝利した――小羊の血と自分たちの証しの言葉によって。その理由は、彼らが主のため死に至るまで、自分の命を惜しまなかったからである。

これらの箇所は、今すでに大変難しい問いへの答えを提供している。すべて〔七つ〕の手紙の終わりのところで、主は勝利を得る者すべてに報酬を与えると言われている。この正確な意味と誰が実際勝利を得ることになるのかについては、手紙のどこにもはっきりと言われてはいない。この箇所を読んで、主は私たちにともかく大成功を収めることを期待しておられるのかと疑問を持ち始め、気が重くなることもある。しかし、そのようなことを言っているのではない。私たちはすでに聖書から、キリストの勝利の仕方は、通常私たち人間が勝利する仕方と考えるものとは異なることを知っている。ここでの勝利を得る者とは、多くの犠牲を払ったとしても、生涯を通してイエスと福音に対して真実に生きた人々のことを指していることは、疑いの余地がない。主は私たちが成功したかどうかではなく、ご自分に対する忍耐と信頼性とを問われるのである。

証しとは正確に何をすることなのかと問うならば、残念ながら黙示録はどこにも明確な答えを示していない。しかし、この書物全体を見ると比較的明らかである。そこには行いと愛と信仰と奉仕と忍耐（2・19）、疲れ知らずの労苦（2・2）が含まれている。しかし、それは教会が福音の真理とイエスの御名をしっかり保つということでもある（2・13）。証しとは、生き方に関わることで、私たちが三位一体の神を信じ、生きる時も死ぬ時もひたすら主に信頼し続けて、主が私たちの王であり、牧者であり、主であると告白するのを人々が見るようにすることである。証しとは、話すこと、語ることもそうであるが、それだけではない。私たちの人生また言動によって他の人々に語ること、そして人々がそこに救い主キリストを見るようにするということである。

教会がなすべき証しということならば、教会の預言者的、祭司的、王的働きを挙げることができる。この三つの言葉は同時に用いられることはないが、この三つはそれぞれ手紙の中に現れている。特に教会の預言者的働きが指摘される。聖霊の重要な働きは、教会が福音（21・6）を恐れず告げ知らせる預言者的働きをできるように整えることである。第六章でそのことについてより詳細に言及する。5章10節（また1・6）も教会の王的、祭司的役割に言及している。祭司は人々を気遣い、人々を神のもとへと招く。明白に主が教会を祭司とすると言われている一方で、教会を王（王たち）とするとは言われていないことは明らかである。それは危険と思われるので、王国とすると言われる。その意味は、私たちが神の王国の証人として、王の子どもたちのように生きることになるということだろう。

6　私たちの証しの根底にあるもの

しかし、私たちが傾聴すべきことがまだある。キリストの真実な証人であるためには、その証しがまったく特別な源泉から湧き出るものであることを理解しなければならない。その源泉が何であるかを知らずにいると、良い証しをし続けることは不可能である。

ヨハネが諸教会に告げようとした緊急時のメッセージである黙示録について、その優れた注解者の一人であるタルバートは、「第一戒への忠実」を挙げることができないならば、教会が行ったことは微々たるものだと言っている。多くの良いことを主のために行ったとしても、私たちが心と魂、そして知力を尽くして神を愛し、崇めるのでなければ意味がない。他のすべての戒めを守ったとしても、もし私たちの命と幸いが第一戒にかかっていることを理解しなければ、意味がない。人生は、私たちが神の愛に根ざし、またしっかりと根を張る時に実を結ぶのである。枝はまことのぶどうの木につながり、そしてつながり続けなければ実を結ぶことはできない。私はこの教えを再び考える時、一人の友人がある時、クリスチャンは多くの事柄を信じ、あらゆること、また知らないことについても自分の立場を表明する人々ではないと言ったのを思い起こす。彼が言うには、クリスチャンはまさにただ一つの深い信仰に基づいた存在であり、生涯にわたって父、子、聖霊なる神を信じる人々であるということである。

もう一人の黙示録の優れた注解者であるマイケル・ゴーマン（Michael Gorman）はこの点をもう少し拡大し、神礼拝がこの書物の中で断然中心的な役割を果たしていると言っている。その通りである。この書物の中で信仰者たちが共にいるのを見る箇所ではどこでも、彼らは神を崇め、賛美し、ほめたたえている。この書物のすばらしい部分は、信仰者たちによって神が崇められている賛美の歌声である。神礼拝が中心にあるのは、それが私たちの全神経を神に集中させ、命の泉から飲むことができる場であり、また機会だからである。私たちの内に神への愛が増すことを願うなら、最初にすべきことは絶えず真に神を礼拝することである。それゆえ、教会が成長し、神の御心により適うようになることを望むのなら、教会が、主がそこに人々を置き、招かれる場所となるように望むのなら、神礼拝をさらに整えるということから始めなければならない。

ある人が言うように、神礼拝は重構造の出来事である。人が神を礼拝する時、私たちが認識する以上に多くのことが同時に起こっている。主が崇められ、主に栄光が帰されている。そして、そこで私たちは変えられる！　主の御前に立つ時、私たちは主の栄光と力、愛を見る。恐れは消え、心が希望と愛で満たされて、世界を違った目で見るようになり、主が私たちを召された宣教の業への力と勇気を得る。

教会がより宣教的に生きようとするならば、教会の外にある課題にも真剣に目を向けなければならない。しかしながら、第一に目を向けるべきは私たちの礼拝である。礼拝が、まさに生ける愛に満ちた恵み深い神が臨在なさる場となり、その中で私たちが神の解放し、癒やし、新しくする愛と力を経験する祈りの場となっているかどうかを検証すべきである。

第三章　世界はうまく動いていない
——世界がキリストと福音を必要とする理由

1　私たちの生きている時代を理解する——黙示録の異質な中央部分

黙示録の中央部分（6－16章）を理解するのは容易ではなく、読むこと自体も難しい。それは異質な別世界のようであり、所々はとても暴力的でもある。ニーチェはこの箇所にまったく困惑し、それを復讐の激しい爆発と呼んだ。現代の人々はこれを暗黒と言うであろう。ここでは災いや戦争のこと、飢餓と疫病のこと、火、雹、血のこと、星が落ち、暗くなる月や太陽のことを耳にする。そして、苦しんで死ぬ人々が描かれている。

この数々の悲惨な物語は七つずつの三場面、すなわち、七つの封印が解かれ、七つのラッパが吹き鳴らされ、七つの鉢が注がれるということによって語られている。封印とラッパ（6－11章）と鉢（15－16章）の場面の間にある12－14章は、同時期の話がいくぶん理解しやすい仕方で語られている。私たちはこれらのことが善と悪、神とサタンの間の戦いの物語であることを耳にする。

念頭に置くべき重要なことは、これらの黙示的表現は文字通りに受け取ることができないということとである。それらは、私たちに告げるべき大きなメッセージと共に、私たちの印象に残るような姿を描いているのである。例えば、６－16章の物語の流れを時間的なものとして理解してはならないということである。封印、ラッパ、鉢の話は時間的に連続したものではなく並行したものであって、同じ時期の別々の幻であり、イエスの最初の来臨と再臨との間に起こることである。12－13章の話もまさに同時期のものである。

象徴によって表されているものをよく見ると、この中央部分の意味を理解する助けとなる、最初の大変重要な手掛かりを得ることができる。これらの災いの多くは、エジプトから荒れ野へと渡った時の一〇の災いと明白に共通するものである。旧約聖書をよく知っているクリスチャンなら、この物語を耳にすると、すぐさまエジプトでの出来事と脱出のことを連想するに違いない。そして、主がイスラエルの人々をエジプトから脱出させた時と同じ仕方で今の時を過ごしていくように、教えようとしているのだとおそらく理解したに違いない。彼らは主の驚くべき御業によって救われ、ファラオの軛と奴隷の苦しみから解放されたが、まだ約束の地に入ってはいなかった。イエスの来臨と再臨の間の時代に、黙示録という書物が告げようとしているのは、ちょうど荒れ野での訓練のようなものだということである。私たちはいまだ天国にはいないのだ！

このような視点があるにもかかわらず、この書物に見られる厳しい裁きが、多くの人々に本当に深刻な問題とつまずきを生んでいる。ある人々はこの裁きと神の愛を結びつけるのは難しいことだと言う。そのため、この部分をもう少し深く見ていくことが重要である。

2　苦難と悪の現実

黙示録がこれらの象徴的描写によって私たちにもたらそうとする第一のメッセージは、実際に人生は時にどれほど過酷なものかということである。ヨハネがこのことを書いたのは、脅しや恐怖心を抱かせるためではない。彼はそのようなことを強調しようとしたのではなく、この世界が現実にどのようなものかを示そうとしているのである。ゴーマンは正当にも、この書物の主題の一つは、「悪の現実性」を私たちに納得させようとすることだと述べている。

私たちはいつもその現実を見ているわけではない――いや、見ようとしないのだ！　しかし、それは現実なのである。時には少しもこの現実に目を向けることなく、人生をうまくやっていくこともある。この現実に目をつむったり、避けたり、忘れようとしたりするが、しかし、この現実を取り除くことはできない。黙示録において見るように、この世界は苦しみ、争い、絶望させることが多々あるのである。

かなり前のことであるが、イギリスの科学ジャーナリストのピーター・ワトソン（Peter Watson）が二〇世紀の偉大な思想について大変興味深く、読みごたえのある本を書いた。彼は歴史、科学、古生物学、哲学、そして政治すべてを合わせて一つの物語にして、これらが互いにどのように結びついているかを示した。彼はその本に『恐ろしい美』（A Terrible Beauty: the People and Ideas that Shaped the Modern Mind, 2000）というタイトルを付けた。その理由は、彼が言うには、二〇世紀にはただ信じられないような驚くべきこと、またすばらしいことだけでなく、歴史の中でも有数の悲惨な出来事、非人間的な出来事も起こったからである。二度の世界大戦、何百万人ものユダヤ人の虐殺、伝染病、そして、多くの無意味な政治的実験を思い起こしてみてほしい。

恐ろしい――これが世界の姿であり、今日も同じである。一方で、貧困、病気、迫害があり、虐待される子どもたち、性暴力を受ける女性たち、自分の命を守るため祖国から逃れる人々がおり、世界の何億もの人々が大変厳しい状況の中に生きている。それに加えて地球環境や生態系の破壊がある。

悪により、私たちの世界に苦しみが入り込んだ。悪が戯れる場を得たところでは、苦しみが生活の一部となる。このことを黙示録の中央部分ではっきりと耳にする。人々は苦痛のために涙を流し、泣き叫ぶ。９章５－６節には、人間が死なずに長い間痛み苦しむ疫病のことが語られている。「人々は死を切に望んでも、死のほうが逃げて行く」というほどのものである。そこで「聖なるまことの主よ、あなたはいつまで裁きを行わないのですか」（６・10）と叫び声を上げても、驚かない。自然もうめき、この死のサイクルの中に引き込まれる。自然災害もある――雹、火、地震、水は苦くて飲むことができず、死んでいく海、太陽も暑くなり、火で人々を焼く（16・８－９）。現在の地球環境の危機において、人間はここで見る光景よりも数倍傷ついている。

黙示録においてまったく明らかなことは、信仰者たちもこの苦しみを免れられないということである。世界が悪の手にある限り、これらのことは確実に信仰者に対しても起こり来る。私たち信仰者もまた、パウロがローマの信徒への手紙で述べているように、滅びへの隷属に向かっている。私たちも被造物と共に虚無に服して、苦しみうめいている（ロマ８・20）。苦しみ、召命に応えないクリスチャンたちがいるが、それはクリスチャンになれば苦しみから解放されるはずだと誤って考えているからである。そうではない。黙示録は、主はやがてすべての涙を拭い去られるが、私たちはいまだそのところにはいないと言う。イエスが教えようとされることの一つは、時を正しく読み、理解するようにということである。時をよく読むことができないならば、自分自身を苦しめることになる。私たちは今はまだ荒れ野に――新しいエルサレムに向かう途上に――いるのである。

この章の表題は、米国の進歩派キリスト教雑誌『寄留者』（Sojourners）の編集者として有名なジム・ウォリス（Jim Wallis）の著作の一つに由来する。「この世界はうまく動いていない」という言葉で、ウォリスはすばらしいと称賛される側面もあるけれども、非常に複雑で悪い結果を招いているアメリカの政治経済体制に対するいらだちを表明した。この言葉は私が人生の中で経験している気持ちを代弁したものである。混乱している状況に目を向けるならば、いかにこの世界には希望がなく、悲惨であるかを見、そして、これらの計画はただうまくいかないことを知る。なんとかやろうと思ってはみても、だめだと認めざるを得ない！　ただ混乱した状況にあるというだけではない。ある人々の繁栄が（彼らにとってうまくいっていると感じることも）、他の人の汗や苦しみの上に築かれることが多々ある。アメリカには顧客にきれいな品物を売るショッピングセンターがあるが、その商品は過酷な環境で人々が働くアジアの工場（sweatshops）で生産されている。福祉を生み出す賢明な計画を立てると多くの人は喜び興奮するが、その一方で、そのために他の人々がその代価を支払っている。ある人は次のように言った――今日の問題はしばしば、昨日の答えと変わらない、と。世界は私たちが考える通りに動いてはいない。私たちは正直にこの厳しい現実を直視しなければならない。そこから目を逸らしたり、逃避したりすることで少しは楽になるかしれないが、問題を何も変えることにはならない。改善の道の第一歩は、私たちには問題があるということを認めることである。

ピーターソンは、教会が会得すべき一つの大切なことは、苦しみや痛みにどう対処するかということだ、と述べている。しかし、私たちもまたある意味で、私たちの証しをあいまいにしないように学ぶ必要がある。そこにあるすばらしいニュースは、主がそれを教えてくださっているということである！　主は私たちが希望を失うことのないために、苦しみを経験させられる。苦難を失望に終わらせず、私たちを主に近づかせ、聖とし、鍛えて、真理をより深く理解できるように、主により熱心に仕えるようにされる。7章は、主の子どもたちは苦しみの死をもたらす勢力に対抗できる刻印を押されていると語っている。それゆえ、苦しみはなくならず、取り除かれることはないが、それは限定的である。さらに6－8章にある七つの封印の話に目を向けると、その中心にある五つの災いは、白い馬の乗り手（イエス）の出現とすべての聖なる者たちの祈りに枠づけられている。ピーターソンは次のように述べている――「悪は小さくされなかった。しかし、キリストと祈りの間の限られた場所に閉じ込められている」(Peterson, 85)。

3　竜と二頭の獣とは何か

多くの人々は、黙示録が竜と獣――反キリストの物語――と関係づけられていることに戸惑いを覚える。反キリストという言葉がこの書物にはないのは事実であるが、サタンと呼ばれる竜、そして二頭の獣が一頭は海から、もう一頭は陸から出ると記されている。封印、ラッパ、鉢が悪の勢力の有様を教える一方、12－13章ではそれとは異なる、理解可能な、ある人格を持つように見えるものがこの物語には出て来る。まずは、悪魔ともサタンとも呼ばれて、神に敵対し、天国に居場所を失った火のように赤い竜のことが語られる。12章の物語から、サタンは神の天使であったが、神に逆らって天の居場所を失ったと結論づける人々がいる。時にこのような理解から、罪と悪の起源について解説をしようとすることがある。このような解説は多分に、この象徴を文字通りに受け取ることに由来している。明らかなことは、神がサタンに打ち勝ち、サタンは自身の訴える者という立場を失ったものの、それは今怒って女（教会を指す）とその地上の子孫を迫害するということである（17節）。興味深いことに、ここでは二度、荒れ野が女の逃げ込む安全な場所と言われている（6、14節）。荒れ野を否定的に見てはならない。私たちには時に荒れ野が必要なのである。

13章には第二のエピソードがある。サタンが力を増強する必要を感じて、海辺に立ち（12・18）、まずはいわゆる海からの獣、後に陸からの獣の助けを呼び入れたということである。それらはサタンと共に活動して信仰者たちを迫害する。それらは奇跡を行い、人々を惑わす権威を受けている。彼らの戦術の大部分は、人々を魅了し、惑わすことであった。サタンがはっきりと認識できる悪の姿で私たちに近づくのは、まれなことである。それはしばしばスーツを着用し、繁栄と快適をもたらすように見えて、私たちをさまざまな面白そうな場所へと招く。

疑いないのは、竜と二頭の獣はここで神をまねようとし、ある意味で悪の三位一体のように振る舞う、より弱い権威として描かれていることである。悪の三位一体の中で、サタンは神のようなふりをし、海から出る獣は偽りのキリストを、陸からの獣は聖霊をまねることを耳にする。人間は竜と獣を拝む〔13・4〕。獣の頭の一つは死ぬほどの傷を受けたが、この傷も治ってしまう――これは明らかにイエスの死と復活の幻影である。陸からの第二の獣は聖霊をまねたものである。聖霊がイエスに栄光を帰すために来られたように、それは海からの獣を拝むように人間を説得する。霊が息を吹き込むと、〔命を与えて〕生きる者とすることができるように、陸からの獣は獣の像に息を吹き込んで、ものを言うことができるようにする〔13・15〕。〔獣の〕六六六という数字において耳にすべきなのは、おそらく次のことである。それは神をまねようとし、神のように立ち振る舞おうとするが、いつも神を表す七にはとうてい足りない者を表す。すなわち、悪は多くの権威を持っているが、神ではないということである。

この物語には第三のエピソードがある。それは14章8節にある淫行の女、大バビロンのことである。さらに17章と18章で彼女について書かれているのを見る。竜とその助け手である二頭の獣の働きは主に舞台〔＝世界〕の裏側でなされるので、彼らの関わりはいつも直接目にすることはできない。竜と二頭の獣の働きについて見ることができるのは、この世の都バビロンからの誘惑とその絢爛豪華さである。この女は深紅の獣に乗って、紫と深紅の衣をまとい、金と宝石と真珠で身を飾っている。この女の生活は地上の住民たち、王たち、商人たち、船乗りたちを魅了し、堕落と汚れ、淫行へと誘う〔17・4〕。17章2節は「地上に住む人々は、彼女の淫行のぶどう酒に酔いしれている」と記している。

第三のエピソードでは、17章7節に重要な転換がある。そこでこの女の素性と獣の象徴の意味が知らされる。17章9節はこの問いに率直に答えている。それはローマ帝国が築かれていた七つの丘を示しているということだ！　ヨハネ、そして諸教会にとって、ローマが彼らの時代に対峙し、追放されるべきバビロンであった。これがこの物語の大変意味深い転換点である。象徴的な文章や黙示的物語は、人間が悪を漠然とした、非現実的なものと考えるように仕向ける。しかし、これは大きな誤りであって、この手紙の著者ヨハネの意図したことをまったく誤解することになる。確かに、彼は象徴的表現を用いるが、その時代の福音の最大の敵対者が都市ローマであり、そのローマの平和という偽りの福音であり、皇帝と皇帝崇拝だということを理解できなかった手紙の読者は少なかったに違いない。竜と二頭の獣は人々を誘惑してローマにひれ伏し、皇帝を彼らの人生の「キュリオス」つまり主とさせようとした。黙示録の有益ないくつかの注解書が正しく主張するように、黙示録は、政治家を時々特徴づける妄想とごまかしを見抜くように促すという、強い政治的色彩を持った文書でもあるのである。

ここに一つの問題とすべき、サタンに関する難しい疑問が残っている。黙示録の中央部分にある黙示文学的情景を文字通りに受け取ってはならないと言うのであれば、サタンと二頭の獣をどのように扱えばよいのか。これは、黙示録そのものから答えることが容易な疑問ではない。ある人々は、これらは象徴であるので、悪を人格的なものとして考えてはならないとする。すなわち、悪は〔特定の〕誰かではなく、物事を間違った方向に進ませようとする力であると言う。もう一つの見解は説得力のあるもので、サタンは神に積極的に立ち向かう誰かであり、主によって悪の手に渡された堕落した天使であるとするものである。さらに、この見解をさらに進めて、神よりも悪魔に関心があるのではないかと感じさせるほど悪について広範な理論を展開する人々もいる。

しかし、私たちは悪についてはすべてを知ることができず、理解できないことを認める必要がある。しかし、次の二つのことは知る、また知っておく必要がある。その第一は、悪は現実であり、過小評価すると私たちに損傷をもたらすということである。悪は変装することができ、光の天使のように私たちに近づく巧妙な側面を持っているからである。悪に警戒せずに、悪が入り込むことはないと言うのは、人間が犯す悪質な誤りである。カール・バルト（Karl Barth）はゲーテ流に（á la Goethe）、悪魔の巣窟の中を覗き込んだとしても、嬉しいことも有益なこともない！　と記している。サタンについて知るべき第二のことは、最終的にキリストに打ち負かされるということである。これは、悪についての物語の第四のエピソード、19章11節から20章15節で語られている。そこではどのように天が開かれ、忠実また真実であるキリストを乗り手とした白い馬が現れて来るのかを知る。最初の戦いでは彼が獣と偽預言者を打ち負かし、第二の戦いではサタンもまた硫黄の燃え盛る池に投げ込まれる。悪から身を守る最善の方法はいつも、「王の王、主の主」であるキリストの近くに留まることなのである（19・16）。

4　この中で、神の働きをどのように理解するのか

主は黙示録の中に記されている酷い災いや悲惨によりいったい何をしておられるのか。主はここでどのような役割を果たしておられるのか。この問題を置き去りにすることはできない。少なくともこの疑問に答えを得ないならば、私たちは信仰、希望、愛を持って生きることは困難である。最終的な

答えを引き出す前に、このことについて五つのことを提示したいと思う。

第一に、災害、悲惨、苦難、そして苦難、死、破壊――悪の現実――は、この世界に対する神の計画（計画Aと呼ぶ）の一部ではないと明確に言う必要がある。私たちは悪がどこから来たのか、なぜ神は悪を容認されるのかはよく分からない。しかし、それは神の思いの内にはなかったということを私たちは知っている。このことは黙示録の最後の二章を読むなら、新しい天と地が描かれていることから明確である。主は私たちと共におられる。私たちの涙をことごとく拭い去ってくださる。もはや死もなく、悲しみも嘆きも痛みもない（21・3－4）。そこは水で潤っていて、果樹が毎月実をつける――人々は、祝福に満ちた主の臨在の中に生きる。

第二に、悲惨はどこに由来するのかという問いへの答えの一端は、少なくとも私たちの神とその戒めに対する不敬がそれをもたらしたということである。私たちは――そして、時に残念ながら私たちの子どもたち、孫たちも――自らのずる賢さ、虚栄心、不従順、神への嫌悪の実りを摘むことになる。私はこのことを理解し、信じるのは困難なことではないと思う。私たちはこのことを日々身の周りで見、経験からも知る。人生には秘められた秩序と合理性がある。それを無視すると、困難が待っている。体に悪い食べ物や危険な薬物を摂取して、肉体に何も起こらないとは考えはしない。自然を自分の思いのままに利用し、破壊して、そのすべてが再生されるとは考えはしない。人間関係においても通常は努力したら見返りを得るのが原則である。黙示録にある災いを、第一にこの世界での通過儀礼として〔神から〕送られた積極的な刑罰、裁きと考えてはならない。それはむしろ、神が望まれることに反して、人生を他の異なる仕方で用いて生きることを選んだ人間の当然の結末なのである。

話をより複雑にするのは、誤った決断の結果をいつもその本人が直接被るわけではないことである。先祖の罪が三代、四代の子どもたちに及ぶ〔出20・5〕ことがしばしば起きる。私たちの罪が、他の人の子孫にも及ぶというのは事実である。政治的指導者の狂気の決断が、時にはそれに何の関わりもなかった何十万の人々に及ぶ。ビジネスマンの貪欲が、時には他国、他の大陸に生きる人々に打撃を与えることもある。同じように、自然保護を訴える人々は、私たちは子孫が生活するための資源や素材を汚染し、また枯渇させていると言う。このことは事実であると知ると同時に、このような構造があることに不条理と不義を感じる。これは別の言葉で言うと、世界はうまく動いていないということである。

第三に、封印、ラッパ、鉢の物語を読むと一つ面白いことに、災いはあたかも〔主の〕怒りから来るように見えるが、それは〔実際には〕「放たれる」ということである。封印のもとには馬たちに〔「行け」と〕告げる玉座を囲む四つの生き物がいる。ラッパが吹き鳴らされ、鉢の中身が注がれるところにはそれに関わる天使がいる。この意図が正しく理解されねばならない。災いを考え出し、造り出すのは神ではなく、悪にはそれが許可されないことには、実際に何の権威もないことが分かる。クリスチャンが信じるのは、災いや悲惨は神が容認されないならば地に及ぶことはないという真理である。信仰者にとってここに大きな慰めがある。私たちは自身に起こる悪いことも、主の支配のもとにあることを知っている〔ロマ８・28〕。悪は自分の思いのままに行動できない。神が望まれても、苦難に対して何もできないというのは本当ではない。主にはすべての悲惨を止められるほどの力がないと言って、神の名誉を守ったつもりでいる人々がいる。私は、そのように言う人々は、時には良い意図からかもしれないが、その考えにいつも慰めを見出せるわけではないと言わざるを得ないと信じる。主が私たちを苦難の中でしっかりととらえてくださり、死の陰の谷を歩む時でもそうだということが、私たちをさらに慰めるのである。黙示録から私たちが耳にすることは、イエスが「あなたがたの髪の毛一本さえも父のお許しがなければ（御心でなければ）、地に落ちることはない」（マタ10・30）と言われたのと同じことである。

第四に、もし右のように言うなら、それはもう一つの難しい疑問へと導く。もし主がサタンや悪を支配する権威を持っておられるなら、主はどうしてそれを止められないのか。もしすべての悲惨がある仕方でまず主の御手を通ると言うのであれば、主はどうしてそれを止めたり、妨げたりなさらないのか。他に良い計画がなかったのか。この疑問の深刻さを過小評価してはならない。深い悲しみを経験した人は誰しも、これがいかに深刻な疑問であるかを知っている。

実際には、私たちはこの疑問に満足のいく解答を知らない。これは大きな問いであり、神と神学について思考する場合の出発点であると神学者たちは言う。私たちはこれに対する満足のいく解答を持ってはいない。聖書をひもとくなら、少なくとも二つのことを言うことができる。聖書の多くの箇所で、主が悲惨を許しておられるかに見える場合がある。しかし、それは主が私たちに自省させ、悔い改めさせるためである。これは時に私たちが子どもにすることでもある。時には子どもたちに、自分がした行動の結果を感じさせる必要がある。聖書にはさらに、このような思考を教える多くの箇所がある。黙示録の場合もそうである。

これが信仰者と未信者の両方にとって同じであることは興味深い。罪に捕らわれて、神を信じない人が信仰へと駆り立てられることもある。しかし、主は時に、ご自分の子どもたちをより身近に引き寄せるために悲惨を用いられる。このことはティアティラの教会に宛てた手紙で、主がイゼベルを悔い改めさせるために病の床に伏させると言われたこと（２・22）、また主がラオディキアの教会に言われた「私は愛する者を責め、鍛錬する」（３・19）という言葉から分かる。

第五に、主がすべての罪と悪を見過ごされず、その結果をもたらされるのには、二つの理由がある。それは［もし罪と悪を見過ごすなら］、正義と公正を笑いものにすることになるからである。もし主がただすべてのことを赦されるだけなら、すなわち、主がいつも私たちの後を追いかけて、誤りや忌み嫌われることをできるだけ早く後片付けされるなら、私たちは正義や公正をあまり大切ではないと考え始めるようになってしまう。何が正しいことであり間違ったことであるかは、生活の中であまり重要ではないと考え始めてしまうものである。しかし、それは誤りである。

聖書から私たちは、神が愛である方、しかし、正しいことを愛される方でもあると知る。そのことは旧約聖書と新約聖書の多くの箇所で、またここ黙示録でも言われていることである（16・５－７参照）。あえて付け加えるなら――健全な理解はこれと別であってほしくはないが――、正義や公正が重要視されない状況や国に生きることは、恐ろしいことである。不義や不公正な人々は人生をいたたまれないものにしてしまう。もし神が正義に真剣な方であられないなら、どれほど悲惨なことになるであろうか。

そのようなわけで、私たちは主が時に罰し、裁かれるという黙示録のこの箇所を避けることはできないし、またそうしてはならない。主がそれをなさりたいのではないことを、私たちは知っている

（ヨハ3・17）。それは主にとっても苦しいことである（ホセ11・8－9）。私たちは主がそれをできるだけ後回しにしたいと思われることも知っている。詩編の詩人はそれを次のように言う――「主の怒りは一瞬で、主の愛は永遠」（詩30・6参照）。しかし、正義と公正は責任を問うのである。何らかの仕方で、不義と悪には責任が問われなければならない。そうでなければ、私たちの正義は無意味となり、生きることはまったく不可能になる。クリスチャンは、イエスが代価を払って私たちの負債をその身に負われた、それゆえに私たちは二度、三度と機会を得ることができたのだと信じる。加えるならば、私たちは神の驚くべき愛を見て、悔い改める機会を得たのである！

黙示録の最後にある言葉は、神の新しい都に悲惨と苦難はないと言う。そこではいかなる涙も拭い去られる。死はもはやなく、悲しみも嘆きも痛みもない（21・4）。そこにはもはや海（そこに悪魔が隠れている）もなく、夜もない（21・1、25）。古いものは過ぎ去り、主なる神がすべてとなり、すべてのものが新しくされたからである。このことはさらに第七章で論じられる。

第四章　玉座に座しておられる方
――視野を広げて見る

1　生ける三位一体の神の現実

黙示録は、教会や悪の現実について明らかに語るだけではなく、神の現実についていっそう明らかに語っている。黙示録の最良の注解者の一人であるリチャード・ボウカム（Richard Bauckham）は、「この書物は鮮明な方法で生ける三位一体の神を語り、おそらく新約聖書の神学の理解のために重要な貢献をしている」と述べている。

黙示録のドラマまたは筋書きはその4章と5章で見るように、父なる神とイエスが舞台に登場する時に場面が移行する。その時すべてが変わる。この二つの章において、ヨハネが教会は賢い計画や新しい技術によって刷新されるとは考えていなかったことが明らかにされる。教会の生命と熱意、忠実さは教会の展望が神にあることをどれほど明確に理解し、キリストの福音をどれほど鮮明に理解し、また信じているかに結びついている。それは〔実際に〕そうである。もし私たちの神にある展望が曇るなら、ペトロがイエスから目を離した時に水の中に沈んだように、状況が私たちを圧倒し、私たちは元気を失ってしまう。タルバートが、教会の病に最も効き目のある薬は、第一戒に聞き従うことであると言うのは、その通りである。

それゆえ、これから三つの章では、黙示録が教える神――父なる神、子なる神、聖霊なる神――に焦点を当てることにする。注解者たちの間では、黙示録は明確な形で三位一体の神について語っているまさに独自な書物であるということで、意見の一致がある。そこには神の三つの位格（人格）それぞれについて非常に多くの重要な資料や洞察があり、それぞれの章を設けて言及する以外にないほどに、父なる神、イエス、聖霊の御業を示している。ヨハネ自身が三つの位格それぞれの御業について独特の仕方で語っているので、もしそのことに十分注目しないなら確実に損失である。

ヨハネが神の三位一体性を明白に強調していることは、すでに神とキリスト、聖霊の名において諸教会に挨拶をしている手紙の序文で耳にする。興味深いことは、父、子、聖霊という順番が後に修正され、聖霊をイエスの前に挙げていることである。〔しかし、〕学者たちはここに何か特別な意味があると読む必要はないということで、意見が一致している。また注目すべきことは、黙示録は父なる神について常に明示的に語っているわけではないが、イエスに対してしばしば当たり前のように、旧約聖書における神という言葉を用いていることである。しかし、後に言及するように、ヨハネがすでに、私たちクリスチャンの神は父、子、聖霊という独自の神であるとのはっきりとした展望と確信を持っていたことは、疑いの余地がない。ヨハネは神という言葉が誰を指すのか特定せずに用いているが、本書で神と言う場合は父なる神のことを指すものとする。

私たちが神を父、子、聖霊と告白するのは、神ご自身が歴史の中でそのように啓示されたからである。聖書は第一義的に、私たちに多くの記録や信仰告白、また律法を教えるものではなく、物語、すなわち旧約と新約として知られる一連の歴史を教えるものである。

そこには私たちが徐々に主をよく知るようになり、主の思いを垣間見ることが許される、劇的な物語がある。黙示録全体もそうである。その象徴的描写において見聞きすることは次のことである。主は劇的な仕方でご自身を示され、私たちを救われる――そして、私たちをイエスに従う者とされ、ご自分の証しをさせるために世界に遣わされる。私たちは4章と5章で、この劇的な物語がどのように進行したかについてすでにいくらか経験することになる。

2　実際に起こっているもう一つの展望（または、現実のもう一つの姿）

ヨハネが神についてどのように記しているかに耳を傾ける前に、まず4章の物語の流れをよく見る必要がある。ヨハネが諸教会に宛てた手紙を〔イエスから〕受け取り、それを書き記した第一の場面（1－3章）の後に、彼は天に開かれた扉を見た。その時彼は、「ここへ上って来なさい。そうすれば、この後必ず起こることをあなたに示そう」という声を聞いた。そして、たちまちその声が言うように、霊が彼を天へと引き上げた。続いて彼は、目の前に4章と5章が映し出している光景を見る。

学者たちはここで映し出されたものが、私たちにとってきわめて重要であると言う。これはヨハネが人生の現実というものの全体を、第二の見方で、よりよく、より深く見たということである――彼にとってすべてが変わったのだ。ゴーマンはそれを、人生のもう一つの現実と言う。この第二の、もう一つの展望は、この書物で起こりつつある核心に大変近いものである。ある意味で、この第二の、より深い人生への洞察というものは、信仰が私たちに与えてくれる賜物である。信仰者というのは、他の人々が普通の目では見ることができないことを「見る」人々である。信仰者たちは、他の人々が見ていることをさらによく見ているのである！　それは信仰者たちが時に「現実」と呼ばれるものに盲目だということではない。彼らはすべてを知っているが、彼らはさらに「目に見えないもの」も見るのである（ヘブ11章）。そして、クリスチャンにとってそのことが第一に意味するのは、彼らは神――特に、三位一体の神――が現臨し、働いておられる世界で生きているということである。

黙示録にある諸教会の問題は、彼らの信仰が時に浅くなり、怠惰となり、彼らが自らの信仰の目をより広く、より深く、より高くするのを忘れたことにある。次のことを理解する必要がある。多くの人々は、身の周りの「現実」を危険だとか憂うつだ（しかし魅惑的だ！）とか見がちである。目に見えるものだけを見、その瞬間が現実のすべてだと経験をする。恐れと不安が――時には欲望も――目の前にあることにとらわれ、広く、また遠く物事を考えられなくなり、そして次に間違った、愚かな決断をし始めるのである。

４章において、その時代の認識世界の中でヨハネは天に引き上げられ、そのところで現実への広い視野を得たと言う。このことはいつも、まず第一にご自分の権威と栄光の中におられる神によって展望を得ることを意味する。このことをここ４章と５章でも目にする。しかし、この書物のその他の部分でも、人生にどれほど大きなドラマが進行しているのか、ヨハネがその舞台裏を見ることができたことを知る。ヨハネが描いた世界像はその時代の典型的なものの一つ、すなわち、歴史は二層構造で進行しているということである。第一層は人間が観察し、直接経験する地上の層である。しかし、さらにもう一つの層、天があり、そこでは大きな戦いが実際に荒れ狂い、大きな決断がなされているのである。この図式は、通常天にあり、そこで起こっていることがその後に地上で展開されるというものである。それがまさに4章と5章のドラマで起こっていることである。本当のことは天にある。すなわち、神が玉座に座しておられ、支配しておられ、それが地上でも展開するということである。それは、小羊であるイエスが、歴史という巻物を解く資格を持っておられるからである。

この光景はもちろん文字通りに受け取ることはできない。ヨハネは象徴的表現や比喩を多用して、私たちが生きる世界は私たちが考えるよりも大きく、肉眼で見ることができるよりも多くのことが起こっているのを理解するよう助ける。近年では学者たちが、聖書が世界について描いている素朴な描写に否定的な見解を持つという時代もあった。地球のある部分に天があるという描写も同様である。しかし、それは決して重要な点ではない。それらが告げようとしていることは、事実、現実は肉眼で見ることができるものよりも大きいということである。肉眼で神を見ることができないからと言って、神は存在しないと考えてはならない。現代の学者たちを含めた多くの人々は現在、現実は私たちが見、また感じるよりも大きいことを知っている。聖書が天について語る時、それは文字通りに私たちの上に第二の世界があるということではない。現実にそこにあるのは私たちの現実であるが、私たちにとってそこに入り込むのは容易ではないということである。

クリスチャンとは、端的に言えば、目には見えない領域また次元に住まれる神を信じる人々である。私たちは神を見ることができない。しかし、神は遠くにおられるのではないことを信じる。クリスチャンはまた、聖書の中に記された物語、特にイエスの物語において神が心を開かれ、ご自身を私たちに啓示されたことも信じる。そのことを信じるので、私たちは自分の周りの現実を違った見方で見るのである。クリスチャンは事実、もう一つの姿を持つ人々である。それは神の目で、イエスの生涯を通して現実を見る人々なのである。

3　玉座に座しておられる方

ヨハネが天に引き上げられた時、彼が見た最初の光景は、玉座であった。「天に玉座があり、そこに座っている方がおられた」（4・2）。次にヨハネはエメラルドで飾られた――その時代の典型的な玉座のように――、豪華な、御座の栄光を描いている。玉座の周りにはさらに二四人の長老が座に着いており、四つの生き物がいた。その玉座は明らかに、神の権威と支配のしるしである。ここに最初に耳を傾けるべきメッセージがある。それは神の栄光を賛美する歌によって明らかにされる――4章でも、この書物全体においてもそうである。神は創造者であられ、存在するすべての物の主として崇められるということである。

この手紙が宛てられた諸教会にとって、このことこそ知るべき重要なことなのである。手紙の中では他の王座があることについても耳にする。ペルガモンにはサタンの王座があったことを耳にする。ローマの都市には皇帝などの玉座を据えたさまざまな神殿があったことを知っている。ヨハネは諸教会に広い視野を与えようとして、ローマ皇帝の座が唯一の、重要な玉座ではないことを、最初に彼らに示そうとしたのだと思われる。皇帝の座に優る座があるというのである。

大多数の注解者たちは、黙示録がその時代の皇帝やその家臣、ローマ帝国の軍隊によって脅威にさらされている諸教会を励まし、神と福音とに信頼するよう促すために書かれたことを認めている。ローマはその時代の世界の多くの地域を支配していた。彼らが地域の支配者たちを用いてある種の平和（いわゆる「ローマの平和」）を築いていたため、そこにある危険と誘惑を指摘することは必ずしも容易ではなかった。クリスチャンにとって他の王国と王座を認めることは明白に得であるように思えた。それは身辺に、日々の生活の近くにあった。他の王座はより大きく、日々の生活に直結している感覚があった。ヨハネが諸教会に天の玉座について語ったのは、この状況の中である。玉座に座しておられる神のことを語り、天と地のすべての権威が誰に属しているのかを問う、神の権威と支配についてのメッセージは、聖書の至るところで福音の重大な部分である。重要な注解者の一人であるクリストファー・ローランズ（Christopher Rowlands）は自身の『黙示録』（Revelation: The Apocalypse of Jesus Christ, 2004）で、何よりも強調されていることは、神の愛よりも神の権威であると述べている。しかし、権威と力の背後に愛があるのでなければ、キリストと神は私たちを助けるものとはならないのである。

黙示録はまた、私たちが耳を傾けるべき政治的メッセージにも事欠かない書物である。その理由は、政治は権力と人間の生活に関わるものであるので、クリスチャンが政治を無視したり、無関心であったりすることはできないからである。特に、政治家には多くの権力が与えられ、また彼らは批判や責任を無視しがちなので、クリスチャンは政治について論じたり、疑問を呈したりしなければならない。

社会の中には公正や秩序が求められるので、クリスチャンは政治活動や権威それ自体を認める。しかし、彼らはただ一つの玉座だけを認めるのである！　すべてのものが、誰もが、そして地上のすべての権威者が玉座におられる方の裁きの座――恵みの座――のもとに立っているのである。

神の威光を賛美する歌の中で、いつも神の聖性と正義の両方が言及されている。これは重要な点であるので、少しそれに触れることにする。聖性と正義は基本的に、黙示録においても聖書の他の箇所においても、神の持っておられる属性である。多くのクリスチャンは、神の聖性や正義よりも神の愛に慰めと喜びを見出すだろう。神の愛は私たちを覆うが、神の聖性と正義は神への畏れとおののきを招き、むしろ神に近づくことを躊躇させるものである。この反応は理解することができる。多くの人はこの段階を辿るが、そこで立ち止まるなら、それは良いことではない。その理由は、神の愛には神の聖性と正義が含まれることも確かだからである。神が聖なる方、正しい方であることも福音に含まれているのである。

このことが信じ難いのなら、少しの間逆のことを考えてみたい。もし、世界に神がおられ、その神が正義や公正、また聖性や美にまったく気を留めない方であるとしたら、生活はどのようなものになるか想像できるだろうか。汚れ、醜さ、不公正、不義に誰も思いを寄せないならどうなるだろうか。今日ここかしこでそのようなことを垣間見る（垣間見るどころではない）。政府が法律や正義に思いを寄せていないのを見る。ある人々またはグループの中で、立場が下の人に対して不正に特権を振りかざしているのを見る。それがどれほど人々を無力にさせ、怒らせるかを知っている。そのようなことを、破壊された自然においても汚れた都市においても、生活において聖なることに意を介そうとしない人々の中にも見るのである。

私たちの身の周りにあるそれらのことをしっかりと見るなら、私たちの神は聖なる方、義なる方であるというのは幸いなことであり、大変幸福なことだと分かる。神がそのような方なので、黙示録では何度も、人間が不正をしないように、それは良くない、それは罰せられずには終わらないと警告するのである。私たちは他の人にしたいようにして、責任を取らないというわけにはいかない。不正や酷いことをしながら、知らないふりをできると考えてはならない。神は正義と公正の神である。私たちはそこには神の裁きがあることを理解しなければならない。もし不正が裁かれないのであれば、人は何が正しいことで何が間違ったことか、何が良いことで何が悪いことかを真面目に考えなくなる。そして、私たちは世界がそうなってはならないことを知っている。主は恵み深い方である。主は二度、三度と機会を与えてくださる神である。しかし、私たちは機会を誤用して、主を弄ぶようなことをしてはならない。

興味深いことは、ヨハネが玉座に座しておられる方のことを直接的には言及せずに、玉座の周りで起こっていることを語っている点である。彼は宝石について描き、長老たち、四つの生き物のことを語る。彼らが昼も夜も休むことなく神に栄光を帰し、神を礼拝していたと語る。これがまさにこの章で起こっている動き、またドラマである。天においては昼も夜も、長老たちと四つの生き物が生ける神の臨在のもとで喜びつつ、神に「栄光と誉れと感謝」を捧げていた〔４・９〕。ここでは次のことを認識しておくことが重要である。黙示録では礼拝と賛美が特に重要な役割を果たしている。この点については本章の最後のところで再び論じることにする。

4　神に対して用いられている名前から学ぶこと

天の情景を描くにあたり、ヨハネは玉座と玉座の周りで起こっていることについて述べているが、神ご自身についてはは多くを語っていないということを見た。これは黙示録で神ご自身が多くを語ってはいないという事実と不思議な形で符合している。父なる神の言葉を耳にするのは僅かに二度だけである。この書物の最初（1・8）と、もう一箇所はこの書物の最後である（21・6）。ヨハネはこうすることによって、あたかも神の神秘と秘密とを守ろうとしているかのようである。私たちは主の力と愛を知っているが、神のすべてを知り、理解していると決して考えてはならない。

神を覆っているこのベールは、ヨハネがそこで神に対して用いている名前から少しだけ取り除かれる。この書物で数回用いられるのは特に三つの名前である。ヨハネはこれらすべてを玉座に座しておられる方である神について言及する中で挙げている。

• 黙示録の七箇所で、神は「全能者である神」と語られている。この名前は例えば、旧約聖書に見える「万軍の主」といったいくつかの名前と密接な関係がある。この表現は、万物への神の驚くべき力（権威）を、特に、神の歴史への支配を指すものである。ボウカムは、この名前は抽象的な権威ではなく、主が歴史の流れを支配されるその力（権威）を指すと言う。

• 主ご自身が二度も用いられる名前として、主は「私はアルファであり、オメガである」と言われる。この名前はヨハネの幻の最初と最後にふさわしい。アルファとオメガはギリシア語アルファベットの最初と最後の文字である。主がこれによって私たちに、ご自分が最初におられ、最後におられる、永遠にそこにおられる方だと語ろうとしておられることは明らかである。また、主は始めた御業を完成させると約束しておられるということでもある。このことは神がただ「すべてに隠された意味がある」（アルファ）と言われただけでなく、10章7節で「神の秘義が成就する」（オメガ）と宣言されたことから分かる。21章6節では同じ意味の表現である、「私はアルファ（初め）であり、オメガ（終わり）である」が付け加えられている。

• そして、数回用いられる第三の表現（名前）がある。それは最初の一回は、父なる神の名前として用いられる「今おられ、かつておられ、やがて来られる方」というものである。主は今日から来られるのではない。主は最初からそこにおられ、今も、そして永遠にそこにおられる神である。この表現は、主が最初に御名をモーセに明らかにされた出エジプト記３章に遡るのは明らかである。モーセが神に名前を尋ねた時、主は不思議な（およそ意味不明な）言葉で答えられた――「私はあってある者」と〔出３・14参照〕。これは「私は主」または「私はいる、という者である」とも訳すことができる。この表現は神ご自身の力（権威）、自由、主権を指すものであるが、さらに付け加えるべきことがある。そこには神の姿勢、すなわち人間を気遣い、人間の傍に寄り添われ、人間の神であろうとされるということも、耳にするのである。神が黙示録21章６〔－７〕節で二度目に語られる時、その気遣いがほとばしり出ている。神は「渇いている者には、命の水の泉から価なしに飲ませよう。勝利を得る者は、これらのものを受け継ぐ。私は彼の神となり、彼は私の子となる」と宣言される。

5　惑わされてはならない

ブルース・マリーナ（Bruce Malina）は彼の黙示録の注解書で、この書物にある諸教会がさらされていた最大の危険は、彼らがその時代のローマ帝国の政治と文化の偽りによる欺きと誘惑に陥ろうとしていたことであったと記している。ヨハネがここで挑んでいる戦いは、欺き（deceit）である。最初にその注解書を読んだ時、私にとってこの解釈は意外なものであった。しかし、考えれば考えるほど、この解釈がよりよく分かるようになった。私たちの人生の最大の問題は、誰かが言うように、私たちが時々（またしばしば）主に対して不従順だということではない。問題は、状況を完全に読み違えて、欺かれるのを許してしまっているという甘さと愚かさである。創世記3章の物語を、最初の罪のことを考えてほしい！　アダムとエバは蛇が彼らを欺くのを許してしまった！　新約聖書が、信仰と悔い改めは私たちの見方と考え方のすべてに関わると言うのは驚くにあたらない。

私たちは、欺きというものはいつもはっきりと、認識できる方法で私たちにやって来るように想定している。そのようなことは起こりうる。私たちは時に、試みや疑わしい状況の中で目を開き、自分は今正しく、分別あることをしていないと知りつつ〔欺かれて〕歩む。しかし、ヨハネが記している欺きのほとんどは、より巧妙な仕方で入り込んでくる。それは通常誘惑とは思わない状況の中で、むしろ快くはない、脅迫的な現実——問題——として到来する。それは不安や恐れを抱かせ、私たちはこの状況にどう対処したらよいのかと計画を練り始める。

これが小アジアの諸教会に起こったことである。実際、彼らはキリスト教信仰に対して理解を示さない政治的、経済的状況の中で生きていた。彼らが自らの信念や信仰を公に表すならば、生活は大変不安定なものとなり、危険にさらされることにもなった。彼らは個人的また社会的にだけではなく、経済活動や文化活動からも仲間外れにされた。ニコライ派やイゼベルのような人々が信仰のことで波風を立てず、都市の社会的、文化的、経済的活動にも参加協力すべきではないかと自問し始めたことは驚くにあたらない。

しかし、ヨハネはこの考え方に驚いて、ショックを与えるほどの激しさで反応した。彼はこのことを明確に問題視して、二つの玉座の前に同時にひれ伏すことはできないと言う。皇帝とその権威の前にひれ伏すことは信仰を裏切ることで、命を危険にさらすことである（2・21－23）。神と富（マンモン）に仕えることはできない。黙示録が私たちに問うている第一のことは、ただ神に対してのみ忠実であり、従順であるべきではないかということである。

ゴーマンは自身の黙示録に関する書物で最近のナショナリズム、特にアメリカのクリスチャンたちの国家と国旗に対する深い忠誠心について、きわめて適切に、また詳細に書いている。多くのアメリカ人にとって祖国に忠実であることは良いこと、ほとんど聖なることである。多くの教会ではアメリカ国旗を掲げることさえしている。ゴーマンいわく、そこに問題がある。ナショナリズムが私たちと神との間に入り込むのは必ずしも悪いこと、危険なことではない。これは自然なことであり、当然なことでもある。しかし、家族、人種、民族的なつながり、国家、言語〔文化〕への忠誠が度を過ぎると、人生のつまずきになることもある。アウグスティヌスは、誤って、偏って行われた愛は時に罪だと言う。この言葉は、この事柄の持つ微妙さを理解する助けとなる。

6　賛美と礼拝の重要性

私たちはどのようにして偶像崇拝の危険から自分を守れるのか。どうすれば私たちの人生において神の場所を他のもの――権力や愛――に渡さないようにできるのか。黙示録はこの問いに驚くべき解答を提供している。最良の、否、確実に助けとなる唯一の解答は、常に主の臨在の前に出て、御顔を求め、礼拝することである。私たちの人生の多くの事柄は、神を正しく認め、礼拝する時に正しい方向に導かれ、所定の位置に落ち着くということである。

神礼拝は、黙示録の中で大変重要な役割を果たしている。いくつかの章で、長老たち、四つの生き物、天使たち、信仰者たち、全被造物により神が賛美され、礼拝されている。黙示録でこのすばらしい歌声の賛歌を耳にするのは一五回で、そこには神賛美と頌栄、神の聖性と義と栄光、その権威と威厳が歌われている。それらの言葉は、この方こそ神であるという深い感動と感謝を表している。多くの場合、歌は次の叫び声で始まる――「私たちの主、また神よ／あなたこそ／栄光と誉れと力を受けるにふさわしい方」(例えば、4・11)。これらの歌は歴史を通じて、教会のために作曲され作詞された多くの頌栄や賛美歌に感化を与えた。それらはレジナルド・ヒーバーの「聖なる、聖なる、聖なるかな」(Holy, holy, holy, Lord almighty〔『讃美歌』六六番〕)、マシュー・ブリジスの「小羊をば、ほめたたえよ」(Crown Him with many crowns〔『讃美歌』一六四番〕)やゲオルク・フリードリヒ・ヘンデルの「メサイア」の多くの愛すべきコーラスなどである。

私たちが主の御前に出て主を礼拝する時には、そこですばらしいことが同時に起こっている。神礼拝や礼典は「濃密な経験」――一つ以上のことがあなたに同時に起こる出来事、また経験――である。

• 第一に、神を自ずと意識するということである。カルヴァンが言うように、神の御顔を仰ぎ見ることを探し求める中で、ただ神の聖性と栄光だけでなく、神の愛と好意を意識させられる。クリスチャンは神の言葉（神の人間との関わりの物語）という眼鏡を通して、イエスの生涯と死と復活を通して、神を見ていると信じる。私たちはイエスを通して神の心の中まで見つめ、神の私たちへの思いやり、楽しみ、喜びを見る。デルキィー・スミット（Dirkie Smit ステレンボッシュ大学神学部教義学教授）が言うように、神が愛において私たちと私たちの命を創造されたことを見る（Ons Glo In: Gedagtes en motiewe uit wat die kerk bely oor God as Vader, Seun en Heilige Gees, 2019）。

• 第二に、神は私たちの周囲すべてに光を照り輝かせて、私たちはその現実の瞬間の中で、他の神々が裸にされ、それらが妄想であることを見る。それらは仕える価値なく、恐るべきものではないことを悟り、それらは偽りまた欺きであることを理解し、それらの思惑と魅力的な約束〔の嘘〕を見抜く。想像を超えた神の愛に照らされて、神々は突然、かすんで荒涼としたものに見える。

• 第三に、神とキリストの光が世界と生ける物すべてを照らし出す。それは、ただ神をよりよく見るだけではなく、世界と人生をよりよく理解する助けとなる。それぞれ〔の要素〕を結びつけ、私たちの周りに起こっていることを意味づけし始める。善と悪を、本当に重要なこととあまり価値のないことを、追及すべき価値あるものとそうでないものを区別できるようになる。詩編がうたっている次のことを理解するようになる――「あなたの言葉は私の足の灯／私の道の光」（119・105）。神礼拝は〔イエスの〕弟子となることへと、そして、宣教的な生活様式、人生観へと導く。

しかし、神礼拝はただ私たちの目を開き、よく見えるようにするだけではない。神の御前に立つ時、聖霊もまた私たちの内に来られ、私たちの人生に聖なる空間を造り出し、新生、悔い改め、変革の道を切り開く。私たちの目と心、理解と考え方は清められて、イエスの姿勢で満たされる。聖霊が神の愛を私たちの内に注ぎ出し（ロマ5・5）、神の愛が私たちをよりよくキリストの似姿を表すように変える。

そして、その結果どうなるか。ゴーマンは正しく次のように言う――「私たちはまさにキリストの似姿を表し、他の人々は確かにそれを見る」。その結果、私たちは多くを語ったり説教をしたりをする必要がなくなる。黙示録において神が信仰者たちに望まれることは、神の言葉にしっかりと立ち、イエスを証しすることである。この意味はイエスについて語るということであるが、それはまたすべての人が私たちの生活にイエスを見る、私たちの行いと生き様においてイエスを見るようにすることである。その変化は自然にすぐに起こるわけではない。それは常に、頻繁にイエスと交わり、イエスと共に時間を過ごすことによるのである。

第五章　キリスト——巻物を開くことができる方！

1　黙示録の中心に立っておられる方

黙示録は反キリストについてではなく、キリストについて語っている。この書物の1章から22章までイエスがその中心に立っておられる。イエスが牧者であり、白い馬の乗り手であり、獅子であり、救済者であられる。この方において、神は初めにすべてのものを創造され、この方が終わりの時に再臨なさり、この方と共に新しい都がもたらされるのである。そしてこの方はただ最初に、そして最後に私たちと共にいてくださるだけでなく、今現在も中心におられて、私たちの牧者、守護者、王としてご自分の光を私たちに明るく照らし出す導き手であられる。

イエスのさまざまな名前が、この書物の至るところに現れている。ヨハネが黙示録を大変細やかに、そして計画的に記したことは明らかである。七は完全数また神を示す数字である。この書物の中心におられるのがまさにイエスであることは、ヨハネが「イエス」の名を一四〔七×二〕回用い、「キリスト」を七回、そして「小羊」という名を二八〔七×四〕回用いていることから分かる。さらに七回イエスを「証人」と言及している。

イエスを特に強調することは、ヨハネが神を三位一体の神であると強調していることといかなる意味においても矛盾しない。父なる神、子なる神、聖霊なる神は互いに密接な愛の交わりにおいて生きておられる。聖書はこの関係の中でそれぞれが立場と役割を持っておられると告げている。私が父なる神、子なる神、聖霊なる神を別々に三つの章で取り扱う意図は、まさに神のこの三つの位格（人格）の一人一人に、私たちにとっての意義と働きがあることを示し、私たちが感謝して、より深く神を愛するように促すためである。この章ではイエスとその御業に注目する。

イエスと父なる神との関係がどれほど親密なものであるかは、「父」という称号がイエスについても同様に用いられていることから分かる。イエスのことが、アルファでありオメガであり、最初であり最後であり、今おられ、かつておられ、やがて来られる方（1・8）と呼ばれている。このことは、イエスが父と聖霊と同様に神であられることを確定している。これがイエスについて耳にする最初の明白なメッセージである。イエスは私たちと同じ人間であられたが、かつても、今も、そしてこれからも神であられる。このことを、黙示録は一瞬たりとも疑わせることがない。それゆえに、イエスは父なる神と共に、また父なる神と同様に礼拝され、栄光を帰されているのである。

聖書と初代教会において人々がイエスを信じ、その弟子となるに至ったのは、イエスが単に偉大な人間や威厳ある指導者、驚くべき預言者であったからではなく、イエスがまさに神である方だと知ったからである。このことがすべてを変えさせた真の契機であった。したがって、求められることは、イエスが語られたことは――たとえ信じ難い事柄であっても――真剣に受け入れなければならないと自覚することである！　肯定的に言うならば、私たちは自分だけでは解決できないすべての困難や問題にあって助けてくださるだけでなく、私たちの人間としての可能性、能力や召しを引き出し、救い、赦し、癒やし、生まれ変わらせ、開花させてくださる方をまさに見出すことができたということである。ルカによる福音書5章にある、イエスが奇跡的に魚を捕られた後、そのイエスの栄光を見て御前にひれ伏したペトロの姿は、私がいつもこのことを理解する助けとなる。

2　巻物のドラマ

劇的な4章と5章においては、次のようなことが起こったのを見る。前章ですでに触れたように、ヨハネは聖霊によって天に引き上げられた時、最初にそこに座しておられる父なる神の玉座を見た。権威と栄光の中におられる神を見た。この方は、愛において人間と万物を支配しておられる創造者なる神である。天の場面はすべてが互いに調和しており、不和や偽りがない。被造物は尊厳と栄光の中におられる神を拝しており、そこに自分の存在の目的と喜びとを見出している。

そして、次の5章の最初のところでこの安らかな場面が乱される。まず神がその右の御手に、表と裏に文字が記され、七つの封印によりしっかり封をされた巻物を持っておられたという。その後、ヨハネは封印を解き、この巻物を開くのにふさわしい人がいないかと大声で叫んでいる一人の力ある天使を見た。一瞬の静けさがそこに広がり、天全体が巻物を開くにふさわしい者を探し求めた。しかし、「天にも地にも地の下にも、この巻物を開き、見ることのできる者は誰もいなかった」〔3節〕。そこで、ヨハネは激しく泣き出した！
ヨハネはなぜ泣き出したのか。神の御手にある巻物には、神の創造された歴史の良い、幸いな展開が内包されていた。その中身は、巻物が開かれるように地上の事柄が変わり、神の私たちへの良い計画が実行されるということであった。その巻物は、神のこの世界のための計画について劇的な展開を示す、まさに脚本であった。天においては現実のこと——調和があり、平和と幸いがある——が今、地上にもたらされる。そして、巻物が開封されることは、その物語が開示されるための鍵であった。

ヨハネが泣いたのは、彼が天の光景を垣間見る特権を得た一方で、地上の姿がどのようなものかをも知っていたからである。彼は諸教会のことを知り、その戦いと苦難と試練を知り、彼らの力が弱いことを知っていた。また、彼は虚無に服して喘ぎ、うめき声を上げている神の他の被造物のことも知っていた。ローマのこと、二頭の獣のこと、神の創造物を破壊し欺くサタンのことを知っていた。彼が泣いたのは、聖なる者たちが「主よ、いつまでですか」〔6・10〕と叫ぶ叫び声を聞いていたからである。

これらのドラマから私たちが知るべきことは、神の被造物への最初からの思いとは、人間がご自分の計画をこの地上で実行するはずであったということである。神が人間を創造された時、神の御心は、人間がご自分の似像として、すべての役割を地上で代行することであった。彼らは順境の時にはこの世界を共に建て、共に感謝し、神のさまざまな祝福を喜び、逆境の時には互いに協力し、助け合う。これが主の御心であった。主の期待はまた、この巻物にあるように苦難が到来しようとしていれば、彼らの中の一人がそれに対処するはず——その手はずであった。それが神の計画であった。それゆえ、天と地においてその巻物を開く者を誰一人見つけられなかった時、それは危機だったのである。イエスを除いて誰もいない！　この危機の中で、イエスはご自身の愛において前に出て、その御業を開始される。それがイエスに犠牲をもたらすことを、後で耳にする。これがイエスが人間となられた理由なのである！　巻物を開くのは、神の被造物でなければならないというのが決まりであった。その時、被造物の中にはそれができる人を誰も見出すことができなかったので、神ご自身であるイエスが――私たちへの愛から――それをなさるために人間となられたのである！　ここから、イエスが人間となられたという秘義のすべてを理解したと思ってはならない。そのことは、人間である私たちが把握するには深遠すぎる。しかし、５章はその秘義について少し垣間見せている。それは、神がいかにご自分の決めたことに忠実であられるかを、そしてまたご自分の子どもたちを救うためにどれほどのことをなさるかを理解させようとするものである。

ここで知るすばらしいことは、神は世界の歴史を良く進ませようとされると共に、実際にそうしてくださるとの知らせである。５章において傾聴すべきはこの大きな知らせである。命が罪の呪いに服するようになったという悲劇は、永遠に続くことはない。それは、命がもはや他のものに従うという一つの心痛むエピソードではない。私たちのあらゆる努力が無駄になって、死神が最終的に笑うというものではない。時にはそのように感じることがあるとしても、ウィリアム・バトラー・イェイツ（William Butler Yeats アイルランドの詩人・劇作家）が〔〈再臨〉（The Second Coming）という詩の中で〕うたったように、「すべてが解体し、中心は自らを保つことができず」（Things fall apart; the centre cannot hold〔訳文は高松雄一編『対訳　イェイツ詩集』岩波書店、二〇〇九年参照〕）と思ったとしても、それは起こらない。その理由は、そこにすべてを成り立たせるキリストがおられるからである（コロ1・17）。キリストが私たちにこのドラマを生き抜かせてくださる。キリストが王の王、主の主であられる。キリストが巻物を開き、このドラマすべてを益となるよう演出してくださるのである。

イエスが真に主であり、王であられることは、黙示録の他のさまざまな箇所やさまざまな表現でも耳にする。イエスは地上の王の上に君臨する支配者であられる（1・5、17・14）。イエスは死と陰府の鍵を持っておられる方（1・18）、またダビデの鍵を持つ方であり、命と新しい可能性の扉を開くことができる方である（3・7－8）！ イエスはまた、二頭の獣に勝利されただけでなく（17・14）、サタンに対する勝利者でもあられる（19・11－20・10）。イエスが最初であり最後の方、生きておられる方――死なれたが復活して、永遠に生きておられる方である（1・18）。

3　大きな驚き――獅子が小羊でもある

黙示録の大きな驚きは――事実、これは福音というもののほとんど理解を超えた部分であるが――その時、獅子が実際には小羊であるということである。ヨハネはこの物語を大変劇的な仕方で私たちに告げるために、細心の注意を払っている。巻物を開く者が誰もいないので、ヨハネが泣いていた時、彼は長老たちが語り出すのを聞いた。長老の一人はヨハネを慰めて、「泣くな。見よ、ユダ族の獅子、ダビデのひこばえ（子孫）が勝利を得たので、七つの封印を解き、この巻物を開くことができる」（5・5）と言う。

これが、良い知らせである！　そして、次に驚きが来る。ヨハネが言われたように見ていると、玉座と長老たちとの間に、獅子ではなく、小羊が立っているのを見る。この小羊が指し示すものは明らかに、エジプトからの脱出の物語に遡る。そこでは小羊の血が〔家の入り口の〕鴨居の二本の柱に塗られると、〔その家の〕初子の命が守られた（出12・21－23）。小羊が民を解放するために犠牲となったのである。これはまた、イエスの死によって起こったことである。イエスが屠られて（黙５・６、９、12）、その血が流されると、あらゆる部族と言葉の違う民、あらゆる民族と国民の中から人々が贖われる（５・９）。これが、私たちがどのように救われるのかということである。これが、ヨハネが言うところの、イエスがどのように勝利を収められたかなのである（５・５）！

私たちにとって戸惑うことに、死は勝利ではなく敗北のように見える。私たちは小羊よりも獅子の話を聞きたがるものである。ろばよりも馬に乗ったイエスを見ようとする。弱さよりも強さを好む。私たちは敗者ではなく勝者のようでありたい。しかし、小羊とろば、そして十字架こそが福音に最もふさわしい場である。小羊とろばなくして福音はない。もし「福音」をそのように〔勝者のように〕知っていると考えるならば、それはイエス・キリストの福音ではないことは明らかである。それはおそらく皇帝による、ローマ帝国による、富による、また力と「良い生活」による福音なのである。

福音――良い知らせ――の第一の驚きは、神がただ私たちを救おうと願われるだけでなく、〔実際に〕救うことができる方だということである。神はそうする権威と能力を持っておられる。しかし、福音の第二の驚きは、神がそれをなさる方法である。神は権力や暴力ではなく、弱さと愛によって救いの御業を行われた。小羊の姿はそのことを物語っている。これが福音の物語である！　すべてをなすことができる力強い神――この事実こそ、教会がこの物語の第一の部分として聞きたかったことである。しかし、私たちのために含意されている第二の驚きに耳を傾け、受け入れることには戸惑いを覚える。

主はどうして小羊とろばによって勝利を得ようと決意されたのか。私自身にもよく分からない。しかし、私にとって明らかなことは、それが神の計画の本質的、核心部分であるということである。これは最初から神がなさったことであった。神は私たちを造られたが、しかし、私たちが自分の創造主を否定し、押しのける選択をすることを容認された。神は私たちの愛を取り戻すため長い道を選ばれた。その時代の中で最も小さな、取るに足らない民族によってそのことを始められた。神は私たちに他のやり方を強いるのではなく、柔和な道を選ばれた。そうして、その間に私たちが自ら違った見方で見るようにされた。これが、十字架で起こったことである。神はご自分の民にメシアを拒み、殺すことを容認された――そのようにして、彼らが自らの暴力と愚かさに恐れを抱き、悔い改めに至るようにされた。十字架という弱さを通して、神は世界に救いをもたらされた。これが神の御業、福音の業なのである。イエスがご自分の民によって殺されるまさにその瞬間が、イエスが死んで世界全体を救われる、まさにその瞬間なのである。私たちは、このことを無視するという選択をしながら、それでもすべてが望み通りにうまくいくと考えることはできない。

人がイエスの十字架と十字架の道を受け入れる助けとなるのは、復活についても知ることである。イエスにとっても私たちにとっても十字架は事実である。しかし、それは最後の言葉ではない。ヨハネが黙示録でイエスに対して用いている名前の一つは、「死者の中から最初に生まれた（復活された）

方」（1・5）である。イエスが死を遂げることができた理由は、父がご自分を再びよみがえらせてくださると確信したからである。イエスがその人性においてゲッセマネの園でそのことを少しは疑ったことを、私たちは知っている。しかし、イエスの父への信仰（信頼）はそれに耐えることができたほど十分に強いものであった。ここに私たちへの教訓があると信じる。私たちは復活を確かなものと知るならば、自分の十字架を背負うことが容易となる。それは、N・T・ライト（Nicholas Thomas Wright）が言うように、神はイエスになさったことをまた私たちにもしてくださると約束されたからである。私たちは福音から十字架を取り去ろうとしてはならない。主はそのように計画されたのである――その計画は私たちのためでもある（The Resurrection of Son of God: Christian Origins and the Question of God 4, 2003）。

4　キリスト、真実な証人

ヨハネがイエスに用いている第三の名前は、イエスには比較的特異なものである。ヨハネはイエスのことをいくつかの箇所で「真実な証人」（1・5）、「忠実で真実な証人」（3・14）と、「証人」と呼んでいる。この表現は例えば小羊のように度々出現するものではないが、注目に値する。それは「証人」という言葉がこの書物で大変重要な役割を果たしているからである。本書の第二章で主が教会に期待しておられることを述べた時に、証人という言葉がリストの順番の上の方にあることを見た。このこともまた〔2－3章の〕ほぼすべての手紙で再び見ることになる。

ヨハネがイエスのことを「真実な証人」「忠実で真実な証人」と呼ぶのは、イエスが私たちに語られたことがまったく信じるに値する、信頼できる方であると告げるためである。それがまさにヨハネが黙示録で書いたことすべての中で第一のことなのである。というのは、それはヨハネがイエスご自身から受けた言葉、物語、啓示だからである（１・１）。私たちはイエスの言葉を信じる。それはただイエスがそれを啓示されたからというだけではない。イエスがそのことを保証されたからである（１・２）。この書物の最後で、天使もまたこのメッセージが事実であることを確認し、「これらの言葉は、信頼でき、また真実である」（22・６）と言う。この意味は、私たちは神がどのような方か、またその愛と私たちへの計画を知ることができるというだけでなく、イエスが世界について、命について、そして悪について語られた言葉自体もまた信頼できるということなのである。

後に諸教会のことを見ていく時に、福音の信頼性と真実性はヨハネが最も強調している事柄の一つだということを見ることになる。ルーク・ジョンソンは、ヨハネが諸教会について大変注目した三つのことの一つは、真理についての鮮明な信仰告白であったと書いている。いくつかの教会が受けたすばらしい称賛はこのためであった。それは、彼らが真理にしっかりと留まっていたからである。そして、罰を受けるという批判が語られるのはいくつかの教会が真理をあまり真剣に受け入れなかったからである。福音は確かに神の御心、意志、愛に駆り立てられて告げられるものであるが、もしそれが神の真理に基づくものでなければ役に立たない。イエスはただ私たちの心をご自分の愛に触れさせるために来られただけではない。イエスは私たちの理解、また姿勢を神の知識によって新たにするためにも来られたのである。

ギリシア語で証し（「マルトゥス」）、また証人（「マルトゥリア」）という言葉が、殉教者（英語ではmartyr）を意味する言葉と同じ語根を持っていることを知る人は少ない。イエスが「真実な証人」と呼ばれるのは、この方が証人として払われた数々の犠牲を確かに指すものである。堂々とした、一貫した証しは、時に反対や怒りを招くものである。しかし、この言葉が用いられるのは、イエスと私たち教会を結びつけるのを助けるためである。教会の最も大切な業の一つは、イエスについての証しに立ち、それを保つことである。証人という意味は、人々がイエスの愛を私たちの生活や言動に見るようにすることであるが、それはまた、私たちが神についての誤った考えや、人生の目的や意味についての人間の欺きや誘惑を指摘することをも要求している。

ボウカムは、ヨハネが証人としてのイエスを強調するのは、イエスを私たちのもとに近づけようとするためであると述べている。イエスがもう一つの名前で「証人」と呼ばれるのは、この方の人性を強調している。イエスは人間としての言動と生き方において私たちに神がどのような方か、どなたであるかを示された。私たちは今、弟子となって、同じようにすることが期待されている。私たちは長男（イエス）のようになる必要がある。イエスがなさったように行動し、イエスが生きられたように生きる。人々が私たちの言動の中に、私たちの父がどのような方かを見るようにする。私たちはまず自分の愛の行動、思いやりを通して証しを伝達するが、言葉による証しも過小評価してはならない。イエスは時に「神の言葉」とも呼ばれている。私たちが信頼できる、生涯を貫く仕方でイエスの物語を人々に語る時に、主もまた私たちの言葉と共に働いてくださるということを決して過小評価してはならない。12章11節に、女とその子どもたち（これは私たちのこと）は、小羊の血と自分たちの証しの言葉によって、竜に勝利したと記されている！

5　イエス――燭台の間に立たれる生ける主

さらに、ヨハネがイエスについて告げようとする第四のメッセージがある。多くのクリスチャンが考えるように、イエスは昇天の後、私たちのもとを離れられたのではない。その名はインマヌエルで、イエスは私たちと永遠に共にいると約束された。それがどのようなことかはよく分からないが、エフェソの信徒への手紙4章10節で、「すべてのものを満たすために、あらゆる天よりもさらに高く昇られたのです」と言われている。昇天後のイエスをもはや肉眼で見ることはできないが、その意味はイエスがもはや私たちと共におられないということではない。新約聖書の多くの箇所で、そのことは直接的、間接的に確認される。そのことはヨハネが黙示録1章、2章で、イエスが燭台――これは諸教会のこと――の間に立っておられ（1・13）、歩いておられるのを見た（2・1）と言っていることから明らかである。このことは3章20節でも確認される。イエスはラオディキアの教会がご自分を迎え入れて、共に食事をするように願われた。イエスは去ってしまわれたのではない――主はご自分の教会の傍におられるのである！

これは驚くほど慰めに満ちたメッセージである。それはすべてを違ったものとする。福音は、私たちは決して困難や試練に遭うことがないとは言わない。逆である。しかし、主は私たちを決して孤児にはさせないと約束される。イエスは私たちを守り養い、私たちが死の陰の谷に生きるとしても独りにはされない私たちの牧者であられる（詩23編）。諸教会への手紙ではさまざまな表現でこのことが語られている。イエスは、ただ私たちのもとに臨在なさるだけではない。目を注いでいてくださる。いつも燭台の間を歩いておられ、その御手で指導者たちを支えておられるのである（２・１）。手紙の一つ一つで、イエスは私たち一人一人のことを知っておられると言われている。主は私たちをよく知っておられる――それは私たちを気にかけてくださるからである。

それゆえ、イエスは当然私たちに語りかけられる。このことが〔諸教会への〕手紙、そしてこの書物全体で実際に起こっていることである。神は私たちを造って、そのままにしておかれる神ではない。主の言葉は私たちから決して遠くにはないと、聖書は言う（申30・14、詩119・105など）。それは神ご自身の意図に適うことではない。なぜなら、主は交わりを持つために私たち人間を造られた神だからである。

神が語られる時、その言葉は命と救いをもたらす。御言葉は扉を押し開け、地平を広げる。この書物において耳にする言葉は、「神の啓示」と呼ばれる。その意味は、主がご自分の子どもたちを信頼して受け入れるということであり、他のところでは簡単には得られない知識を与えるということである。主は私たちが御心を理解し、私たちの周りで起こることに意味づけをするのを助けようとされる――そうすれば、機会を逃すことはない。それで１章３節も「この預言の言葉を朗読する者と、これを聞いて中に記されたことを守る者たちは、幸いだ」と言うのである。その上で、イエスもまたこの書物において神として私たちに啓示される。私たちはイエスがどなたであり、何をなさるかを見る。さらにイエスは父なる神を、そして私たちの生涯におけるご自分の隠された計画と意志がどこにあるかを示される。さらにイエスは私たち一人一人に与えられる神の聖霊のことを告げられる。この点については次の章で扱う。

6　私たちはイエスを礼拝し、信じ、従うように招かれている

ここまでイエスについて語られたことの一つ一つを見たので、この書物のさまざまな箇所で人々がイエスの権威と栄光を、特にその自己犠牲の愛を見つつ、ひれ伏してイエスを礼拝しているというのは何ら不思議なことではない。すでに1章17節が語るように、ヨハネはイエスを見た時、その足元に死人のように倒れた。そしてイエスは右の御手でヨハネに触れられて、「恐れてはならない。私は最初の者であり最後の者」であると語りかけられた。さらに5章でも同様である。イエスが巻物を開くため受け取られた時、長老たちと四つの生き物もイエスの前にひれ伏して、新しい歌を歌った（5・9）。そして、それは最終的に三つの歌となった！「屠られた小羊こそ、力、富、知恵、権威／誉れ、栄光、そして賛美を／受けるにふさわしい方です」（12－13節）。

神とイエスへの礼拝が信仰者たちの生活の中心にある。神への礼拝が私たちへの最初の招きであり、またなすべきことである。これは第一戒――主なる神を心を尽くし、魂を尽くし、思いを尽くし、力を尽くして愛する（マコ12・29〔－30〕）――の表現としてなすことができる最善のことである。神がそれを必要とされるからではなく、私たちの方がそれを必要とするので、私たちはこのことをいつもしっかりと行うべきである。

しかし、私たちはさらなることをするように招かれている。それはイエスを信じ、その戒めを守ること（黙14・12）、イエスの弟子として生きることである。「この者たちは、小羊の行くところへは、どこへでも従って行く」（14・4）。またイエスのことをイエスに代わって証しすること、その言葉をしっかりと保つことである。私たちはイエスに属し、自分自身をクリスチャンと呼んでいるので、イエスのような証人として、神と福音の真理を明確に告げ知らせて生きなければならない。

これらすべてのことをまったく理想的なこと、またとてつもないことだと考えてはならない。自分自身では決してこれらのことはできない。このことを明白に知り、心に刻む必要がある。地上には巻物を開くことができる人が一人もいなかったという5章の光景は、そのことを思い起こさせる。イエスが来臨された目的は、ただ私たち人間を救うためだけではなく、私たちが神の計画遂行に再び関わることができるようにするためであった。そのために、ヨハネはイエスを礼拝するだけではなく、イエスの証人となり、イエスに従うことにも言及するのである。私たちは聖霊の御業によってイエスと結ばれることを許されたのである（1・9）。事実、もし私たちが聖霊とイエスに結ばれていないなら、これらのことは何もできないのである。

ヨハネはこの書物の最後の章で、イエスのことを新しい都を建てるために再び来られる方と語っている。そのことについては第七章で論じる。

第六章　聖　霊
——イエスのメッセージを地の果てまでもたらし、その過程で教会に関与なさる方

1　聖霊の御業

　黙示録という書物は、聖霊の御業について明確に語っている。そのことはすでに手紙の三位一体論（三位一体の教理）的序文で耳にするが、この書物の他の部分でも聖霊とその御業について多くの言及がなされている。それは神とイエスのことを語るよりも少なくはあるが、重要性が小さいということではない。それは聖霊の持つ性格——自分よりもイエスと父なる神に注目するよう導く——のためである。黙示録には聖霊とその御業を語る箇所が全部で一八箇所ある。大変興味深く、また意義深いことに、ヨハネは二つの表現を用いて聖霊のことに言及している。彼は四箇所で神の玉座の前におられる七つの霊について、一方、一四箇所で聖霊とその御業について言及している。この章の後半で、このように区別をする理由を見ることにする。

　聖霊は何をなさるのか。そして、なぜイエスの御業の他になおも聖霊の御業が必要なのか。聖霊は、

イエスが地上でなさった御業を力強く実行するために来られた方である。聖霊は、イエスが私たちのために十字架と復活において勝ち取られたその賜物を地上で実現し、適用される方である。聖霊の御業とイエスの御業の重要な違いは、イエスが私たちのために御業をなさったのに対し、私たち自身の業ではなく、聖霊が人々の上に注がれ、人々を神の御業に（私たちに代わって、私たちと共に）結びつけるのである。教会が宣教的であることは、聖霊の注ぎと共にその効力として始まったと言うことができる。その瞬間から私たちは聖霊の働きの中にある。また次のように言うこともできる。主は最初から私たちを福音宣教に関わらせようとされたが、私たちが自分の力ではそれをやり遂げることができないと知っておられた。私たちの神への反抗は私たちの理性、意志、感情にも及んでいる。私たちの愛は混乱しており、自分の願望さえも信頼することができない。それゆえに、主はご自分の霊を与えてくださったのである！　聖霊は私たちの生活と人生の中に入って来られ、私たちがイエスを見、イエスを愛することができるよう助けてくださる。聖霊は私たちを御国のために力と熱意で満たし、新しい夢を与え、新しい展望を見せて、私たちを形作り、聖となさるのである。その結果、私たちはますますキリストの姿に似せられていき、聖霊の力によって神の国と地上における使命を担う者とされるのである！

2　神の玉座の前の七つの霊――聖霊のこの世での御業

ここからは、ヨハネが聖霊とその御業を示すために用いている第一の表象を見る。すでに述べたように、ヨハネはこの書物の四箇所で「神の玉座の前の七つの霊」という表象を用いている（1・4、3・1、4・5、5・6）。

注解者たちは、この表象はこの世（教会の外側）での聖霊の御業を指すものとして用いられているとする。霊は通常、神が地上で御力を表す手段であり、それがこの表象がこの書物で四回用いられる理由であるとする。四は全世界を表す数字である。それは神の御業が教会の内に留まることなく、その救いと聖化の力が全世界へと、あらゆる国民、部族、民族、言葉の違う民（この表象もまたこの書物で七回用いられている）へと広がって行くことを告げようとするものである。このことにしっかりと耳を傾けることが大変重要である。多くのクリスチャンは聖霊の御業についていろいろと語る。しかし、残念なことに、多くの場合はただ教会と信仰者の生活における聖霊の御業だけに目を向けている。これは驚くべき現実である。しかし、次の節で見るように、聖霊を教会の中だけに閉じ込めることはできない。ヨハネは、聖霊は教会の枠の外でも働いておられると言う！　この点を見落とす、近視眼であってはならない。

この「七つの霊」という表象は、ヨハネがおそらくゼカリヤ書4章から採ったものである。ボウカムは、ヨハネがこの表象を選択した理由はその6節に次のような強い発言があるからだと考える。そこでは、主ご自身がなさらないなら、どのような方法によっても民は自分自身を自由にすることはできないことが、「武力によらず、権力によらず／わが霊による――万軍の主は言われる」と言われている。私たちは、聖霊の注ぎによって主ご自身が新しい力を与え、よくできるようにしてくださらなければ、人間はどうすることもできないことを知っている。私たちには不可能である。罪は私たちが考えるよりも深く、私たちを打ちのめしている。しかし、主がすべての道において共にいて助けてくださる。これが、私たちがただイエスだけでなく、聖霊も必要とする理由である。黙示録12章の物語を読むと、サタンの攻撃とその力強さ、二頭の獣の悪賢い業、そして大バビロンの誘惑〔17章〕を耳にし、私たちの地上での戦いにおいてなぜ聖霊の力が必要なのか、その理由が分かる。

聖霊は教会に注がれ、通常は人間と教会を通して働かれる。これが、聖霊が働くために選ばれる方法である。しかし、これだけが聖霊が働かれる方法ではない。必要ならば、聖霊は私たちなしでも独自に働かれる。聖霊は私たちを用いようとされるが、もし私たちがパウロの言うように、神を見失い、悲しむとしても、幸いにもそれは、神がその働きを終えられたということを意味しない。聖霊が神の御業を完成させてくださる――私たちの協力によっても、またはそれがなくても（ロマ8・26－28）。

他の人々が自分たちと一緒になって神の国のために賜物や機会を用いようとしないことで悲しむ時、それでもなお励まされるのは、神の国を到来（完成）させ、イエスの御業を完成させるのは人間の働きではなく、聖霊がそれをなさるということである（使1・6－8参照）。

3　聖霊は通常、教会の中で、教会を通して働かれる

「七つの霊」という表象と並んで、ヨハネは黙示録において一四回、聖霊を単に「霊」と呼んでいる。そのうちの七回は諸教会への手紙の最後に同じ様式で、「耳のある者は、霊が諸教会に告げることを聞くがよい」と言い、四回はヨハネが、霊が来て彼を満たし、ある光景を見るようにしたと語っ

ている。後にこの四つの箇所に注目することにする。聖霊の御業は預言者の働きと大変密接に関係している。「預言」という言葉がこの書物で七回用いられていることも意義深い。

ヨハネは、聖霊について二つの呼び名を用いているが、その違いはどこにあるのか。前節ですでに指摘したことは、七つの霊は、通常より広い世界で、しばしば人間の仲介なしに働かれるということであった。ヨハネがより短い表現を用いてただ「霊」と言及する箇所では通常、その焦点が教会にある。聖霊は人間の内に、人間を通して、諸教会の内に、諸教会を通して働かれる。聖霊がこれら二つの方法で働かれると言う時、私たちは外側からは聖霊を見ることができず（ヨハ3・7－8）、その働きは、通常は限定された事柄にすぎない。これが聖霊が通常働かれる方法なのである。聖霊は私たちに接触し、地上における神の宣教活動に関わるように働きかけられる。主は地上ではできるだけ人間の内に、人間や教会を通してご自身の御業を行われる。

これが、これらの預言がヨハネに授けられ、この書物が書かれた理由である。主の願いは、アジア州にあるご自分の諸教会がそれぞれの場で福音――イエスの証し――を実践することにあった。彼らはそれを行ったが、いつもそうであるとは限らなかった。そこで、主は彼らを勇気づけるためにメッセージを送り、彼らに語りかけられた。キリストご自身も、聖霊や天使も関わったが、この手紙はヨハネによって書かれ、諸教会の指導者たちに送られた――そうしたのは人間であった！

ヨハネがこの書物で用いた聖霊の御業についての表象は、伝統的なプロテスタント教会のクリスチャンには少し聞き慣れないものであり、戸惑いを覚えるかも知れない。しかし、彼は、霊が彼に語られたと言っている（14・13、22・17）。それゆえ、私たちはとにかくいつも聖霊に（特にすべての〔諸教会への」手紙に）耳を傾けるべきである。彼は「聖霊の中にあった」――つまり、聖霊が彼を満たして事態を見せた。この表象は古い伝統に立つ教派の教会ではほとんど用いられることがない。その理由はともかく、私は今まで、そして今も聖霊の御業を過小評価することによって何かを失っているのではなかとますます自問し始めている。私たちはその背後にあるものに確信のないまま、あいまいに聖霊の御業について考え、語っているのではないか。聖霊の働きは神秘に満ちたものであり、決して証明することができないものであるが、その意味するところはそれがまったく事実ではないということではない。聖霊が教会に与えられることは、三位一体の神の第三の大きな救いの御業である。聖霊なしには何もできない。聖霊なしには神の国は到来せず、宣教の業が完成することはない。私たちの人生にはただ父なる神とイエスが必要であるだけではなく、聖霊も必要なのである。

4　聖霊は私たちに、言葉、行動、苦難を通して証人となる力を与えられる

黙示録によると、イエスと聖霊が教会に期待しておられることは何かと一言で問うならば、その答えはイエスの忠実な証人となることである。これがこの書物における際立った命令である。その命令は多様な仕方でなされている。それはある時は神の言葉とイエスの証し（1・9）、ある時は宣べ伝えられるべき神のメッセージ（10・11）、またある時はイエスの証しと神の言葉にしっかり立つ人々（20・4）と組み合わせられている。顕著なことは、「証し」という言葉が教会に与えられた召命として際立っていることである。私たちは、多くの教会がむしろ自分たちの計画や企画、そして主のため

に何をすべきなのかについて語る時代に生きている。教会は人数の多さ、すばらしい建物、巨大なプロジェクトについて語る。それらは必ずしも誤りとは言えないが、興味深いことに、黙示録で求められていることではない。ここで私たちに求められていることは、イエスの忠実な証人であるということである。そして心に刻むべき価値のあることは、これと同じ言葉を、新約聖書の他の書物、使徒言行録1章6－8節でも耳にするということである。そこでは、聖霊が降ると、弟子たちと教会はイエスの証人となると言われている。

次の問いはもちろん、ヨハネが証人と言う時、それはどのようなことを意図しているのかということである。証人という言葉がどのような意味で用いられているかを正確に知るためには、少なくともこの言葉の三つの段階を考慮に入れる必要がある。第一段階は疑いなく、証人という言葉そのもの〔が意味すること〕である。信仰者たちは彼らが信じること――イエスの生涯、十字架、復活――を他の人々に語り告げることが期待されているのである。この点が最も明確なのは黙示録11章3節で、そこでは一二六〇日の間イエスのメッセージを宣べ伝えなければならない二人の証人〔個人の信仰者ではなく教会〕のことが言及されている。この証人という言葉が教会を指すということが大変重要である。その理由は、そこに真理がかかっているからである。真実と偽りの対比がこの書物の基本にある。ローマ帝国の大きな問題は、彼らが嘘と偽りに仕えていたということである。それと戦う唯一の方法は、サタンの嘘と不道徳なバビロンに対抗する神と福音の真理を宣べ伝えることである。

しかしながら、この言葉での証しよりも重要なのが、諸教会の行動や生き方によってもイエスのメッセージを告げることである。証人や証しという言葉が指示しているのは、語る言葉だけでなく、行動の背後にある生活がその証しを確定するというニュアンスが含まれているということだ。本書の第二部で、〔七つの〕手紙の箇所を見る機会でも再びこのことについて論じる。そこでは、説教や言葉による宣教について直接的に言及されることが少ない。主の諸教会に対する批判と称賛の両方は、愛、行動、奉仕、業に関するものである。彼らが召されているのは、自らの信仰と証しに堅く立ち、主の御名を裏切らないことである（例えば２・３、13）。ここでは多く語る人々のことではなく、信じて生涯にわたって信仰を告白するとはどういうことかを知っている人々のことが言われている。従順であることを強調する多くの言葉があるが、12章17節では、竜が「神の戒めを守り、イエスの証しを守る者たち」、すなわち、女の子孫の残りの者たちと戦うと言われている。14章12節でも「神の戒めを守り、イエスに対する信仰を守り続ける聖なる者たち」のことが言われている。

これはおそらくヨハネが意識的にしたことであるが、彼はより多くの箇所で、神はイエスの十字架の死によってご自分の王国を建てられたと語る（１・〔５－〕６、５・〔９－〕10）。王は支配する領域を持ち、神の国はやがてついに完成し、その全貌を現すことになる。しかし、教会はすでにその最初のしるし（現れ）なのである。教会はこの世界の一部であるが、イエスの王権をすでに認め、生かされている世界（＝神の国）の現れでもある。私は、ヨハネが教会に対して証しについて語った時、彼はある場所の光景――この世の人間のグループとは明確に異なり、神の声に耳を傾けつつ生きているグループの人々の姿――を見ていたのだと思う。

5　聖霊は証人となる力を与えてくださる――苦難の中でも

　しかし、告げ知らせるべき証しは、間違いなくさらに第三の側面も持っている。証しの業はただ順境の時だけではなく、苦難や逆境の時さえも絶えずなされ続けなければならない。時が悪くなり始め、事実、私たちの献身や証しが試みに遭う時が来る。これが実際に黙示録で起こっていたことである。諸教会はおそらくまだ大規模な迫害に遭ってはいなかったようであるが、迫害はどこにでもあった。すでにクリスチャンに対する敵対心、それも強い敵対心が随所にあった。クリスチャンは地域の社会習慣や祭儀に加わらなかったので、社会的に、経済的に締め出された。その圧迫は段々と強くなっていた。彼らがこのまま生き残ることができるかどうかが問題であった。この状況の中でヨハネは諸教会に宛てて書き、信仰を持ち続けるよう、疲れ果ててしまわないよう、キリストに信頼し続けるよう、反対者たちに耐えるよう、彼らが持っているものを保ち、主が願っていることを行い続けるようにと励ますのである。

　しかし、ヨハネはさらに先を行く。彼はまた諸教会になぜ彼らがそうすべきなのか、その理由を説明する。そして、彼らは聖霊の力によってそうすることができると励ます。七つの手紙の後、4－22章の物語が続く――これは実際には諸教会が耳を傾けるべきメッセージである。彼らに今起こっていることは大きな物語、つまり、善が悪と、神がサタンと戦われるという大きな物語の一部分なのである。彼らがこの戦いの中で時にはうみ疲れることがあっても、ローマとバビロンが自分の物語を広めて宣伝工作をしようとも、実際にローマとバビロンが勝つことはできないと告げている。福音の真理は、彼らは神に、また特に獅子でもある小羊の御業に逆らうことはできないと告げている。彼らは打ち負かされ、彼らに従うことを選んだ人々は、彼らと共に大きな困難に遭遇する。信仰をしっかりと持ち続ける価値がある。それは主が私たちのためにすでに新しい都を用意しておられて、そこに皆の住まいが確保されているからである（ヨハ14・1－3）。そして、今この時もイエスは燭台の間を歩かれて、ご自分の霊を私たちに与えておられる。イエスは私たちを独りにしておかれることなく、ご自身の霊がこの戦いに必要な力を与えてくださるのである。

これらが意味することは、戦いは容易ではないということである。むしろ、ヨハネは戦いがより激しくなり、クリスチャンが信仰のために迫害を受け、殺されることを予期していたかのようである。黙示録はさらに多くの箇所で、直接的また間接的にこのことを示唆している。それは11章の二人の証人の物語から明らかである。それは三つのエピソードにわたる不思議な、衝撃的な物語である。3－6節までで、証人たちは主が彼らに命じられたように働いていた。彼らは自分たちのメッセージを告げ知らせ、誰もそれを邪魔する者はなかったようである。しかし、7－10節で潮目は変わる。彼らがその働きを終えた時、二人とも獣によって打ち負かされ、殺された。彼らの亡骸は大きな都の大通りにさらされ、悲しみを表す者は誰もいなかった。その箇所では、その都は「彼らの主も、その都で十字架につけられた」と雄弁な補足がなされている。しかし、第三の部分である11－13節には、主がこの場面に幕引きをされて、この二人の証人を死者の中からよみがえらせ、人々を大いに動揺させ、恐れさせたとある。

多くの注解者は、11章は黙示録の中核的なメッセージを包含しているとする。ボウカムは11章で耳にすることは、巻物に書かれていたメッセージそのものだと論じている。5章以降で巻物の封印が開かれ、他の起こるべき数々のことが記されているが、ここ11章と12章ではもう一つの巻物の内容が語られる。そして、驚くべき知らせは、イエスが死なれて、その血が注がれた時に世界が救われたように、人々は証人たちの死とその正しさを自覚し、諸国民自ら彼らに対して何を行ったのかを悟り知るようになるということである。〔11章〕13節には、この出来事が「生き残った人々」に恐れを抱かせて、彼らは天の神に身を寄せ、栄光を帰したとある。またその時、大きな地震が起こり、都の一〇分の一が倒れ、一〇分の九が残ったとある。二人の証人の死は、教会また福音の前進の終わりを意味するのではない。ここから救いが生じたのである。すなわち、これは神の刑罰や裁きではない。人々を信仰へと導くのはさまざまな災いや悲劇ではないけれども、〔彼らの死が〕教会に勇敢で忠実な証しを生んだということである。私たちの勝利はいつも勝利に見えるとは限らない。しかし、これが事実なのである！

12章11節のすばらしい言葉を耳にして、そのことを多少よく理解できるようになる。「きょうだいたち（教会）は、小羊の血と／自分たちの証しの言葉とによって／この者に勝ち／死に至るまで命を惜しまなかった」。

6　聖霊は私たちを預言者とする

すでに触れたように、この書物においては七回、預言者たち、また預言の業について言及されている。最初の箇所は1章3節で、そこではヨハネが受けたメッセージ、彼が書き記した手紙は預言の言葉として朗読して人々に聞かれるべきであるとしている。22章でも同じで、そこでは三回、「この書の預言の言葉」という表現が見られる（7、10、18節）。この書物は秘密にされるべきものではなく、聞かれるべきものであり、その書物のメッセージは付け加えたり、削除したりされてはならない。これが黙示録という書物の性格なのである。

預言とはどのようなことか。預言は人々がしばしば考えるような将来の予告ではない。それは好奇心の強い人々に将来に起こることを告げる暗号や秘密情報といったものではない。預言とは、知識や真実のことであり、この世界や人生を――道徳的な側面も――より深く理解するためのものである。預言は好奇心を満足させるものではなく、神の御名において命に仕え、世界を良い場所とするのを助けるものである。預言はとりわけ嘘や欺きがどれほど惨たらしい危害をもたらすのかにも目を向けている。預言者たちは、感情や意志の重要性を無視することなく正しい知識、健全な理解を持つことの重要性を伝えようとするものである！

真に分別あるクリスチャンが、科学や人生の現実と葛藤することはまれである。新聞を読み、科学を真剣に受け入れるが、それらは人生についての本当に重要なことすべてを語るものではないと固く信じている。ローワン・ダグラス・ウィリアムズ（Rowan Douglas Williams 第一〇四代カンタベリー大主教、神学者、詩人）は、彼がクリスチャンであるのは、多くの疑問や複雑な問題があるただ中で、イエス・キリストの福音は彼が地上において建設的に生きることができるための最上の助けだからであると述べている。パウロが、イエス・キリストの福音は人間を救うことができ、滅びゆく者に新しい命を与えることができる神の力であると言うのは、まさにその通りである（ロマ１・16、一コリ１・18）。

黙示録における大きな懸念は、アジア州の諸教会がこの確信を失いそうであったことである。さまざまな具体的な指示をして励ます一方で、ヨハネのメッセージの真髄は、彼らが神を正しく見つめ、福音を新たに自分のものとするように促すことにあった。そこで、彼は彼らに特に父なる神、子なる神、聖霊について語るのである。

聖霊が私たちを導こうとする真理には、いつも二つの側面がある。第一の側面はすぐ前に言及したことだが、聖霊は私たちがイエスと父なる神を正しく見つめ、そうすることで福音をよりよく理解し、信仰を深めるように助けられるということである。この面がこの書物において大変重要なことである。最初に言ったように、黙示録は反キリストについてでも、またハルマゲドンやさまざまな疫病や悲惨についてでもなく、神について、イエスについて、そして福音について語るものである。それこそが聖霊が私たちに見せようとし、私たちがそれについて語り、証しするよう望まれることである。

しかし、証しをする時には、私たちが信じていることだけを語るのではない。私たちが信じられない、とても信じられないようなことも語らなければならないのである！　それは旧約聖書の大部分の預言者たちが行ったことである。預言者たちは民に、彼らの偽りの確信や誤った憶測、迷信、彼らが礼拝に勤しんでいた偶像の神々を指摘することに尽力したのである。預言者たちはただ罪を目撃し、裁きを告げる通告者ではなく、民が甘く見ていた嘘や偽りを指摘することに最大限の努力をしたのである――民が目を開き、神に立ち帰ることを願いながら。

ヨハネは黙示録において同様のことをしている。彼はクリスチャンがいかにローマとその皇帝の圧力、偽り、まやかしの前で黙しているかを見ていた。彼らが譲歩し、妥協する言い訳を探し始めているのを見た。その妥協は時に、恐れ――社会から締め出され、経済的孤立や政治的迫害を受けることへの恐れ――からなされることがあった。しかし、金銭、権威、〔社会的に〕受け容れられること、性的放縦、豊かな生活への際限のない欲望からなされることもあった。ヨハネは信仰者たちが信仰を生活の規準として受け入れて、彼らが嘘偽りや欺き、異教の神々を拝んでいる実態から抜け出すことを願ったのである。ヨハネが手紙の中でそのように語る時、モーセのファラオとの戦い、エリヤのバアルに対する戦いの場面を思い起こさせるのである。

キリスト教における預言者的な証しは、ただイエスをキリストと、神の子として提示するだけではない。他の神々をこの世界から追放し、彼らの嘘、主張、空約束を暴露することでもある。私たちはただ信じることだけを語るのではない。私たちが何を信じないのかについても明確にすべきなのである。

7　聖霊はどのように、教会がイエスを正しく見、耳を傾けるよう導かれるのか

私たちは聖霊のより深い御業、すなわち、聖霊が私たちを新たにし、キリストの御姿に似せてゆかれる過程をどのように理解しているだろうか。聖霊はそれをどのようになさるのか。私たちは聖霊の御業の不思議さと深さを知りつくすことは決してできないが、それでも、聖書――黙示録もまた――は私たちが辿ることのできるいくつかの手掛かりを与えている。それらを辿らないならば愚かなことである。というのは、それらは教会の中における聖霊の御業を数えあげる助けとなるからである。

この書物全体に散りばめられている大変興味を引く箇所は、広範な枠組みで、四つの項目に分けられる。ヨハネはこの書物で四回、聖霊が彼のところに来て「彼を満たし」、あるものを見せたと語っている。教会と私たち自身の個人的生活における、変革をもたらすプロセス――聖書はこれを悔い改めと呼ぶ――は、聖霊が私たちに見せようとされる次の四つの描写あるいは「幻」に密接に結びついている。

聖霊は私たちの目を開き、イエスの栄光と力が見えるようにされる

四つの幻の中の最も重要なことについては、すでに前章で論じた。聖霊がヨハネを満たし、天の玉座におられる神と封印された巻物を開かれるイエスを一瞬、垣間見せたことである。イエスをその栄光の中で見る時、私たちはただイエスを信じざるを得なくなる。福音書記者のヨハネは、まさにこれ

が最初の弟子たちに起こったことであると記している。それはイエスが水をぶどう酒に変えた時であった（ヨハ２・１―11）。このしるしにより、彼らはイエスの栄光を目の当たりにし、イエスを信じるようになったのである。パウロもまたこのことをよく知っていて、コリントの信徒への手紙二３章18節にある説教の中で、「主の栄光を鏡に映すように見（目の当たりにし）」た時、私たちは聖霊によってキリストと同じ姿へと変えられていくと書いている。これがまさに黙示録１章でヨハネに起こったことである。御声を聞いて振り向いた時、彼は誉れと栄光の中に立たれるイエスを見る。このことは劇的な効果をもたらし、ヨハネを死人のようにその足元に倒れさせた。そして、イエスの右の御手と言葉が、ヨハネを、いわばよみがえらせ、新しい命を与えた。

しかし、聖霊はただイエスを見せるだけではない。聖霊はまた、イエスが語られる言葉に耳を傾けるようにさせる。これがまさに、七つの手紙で起こったことである。手紙の一つ一つで、イエスは一つ一つの教会に語られる。その一つ一つの手紙の最後に、「霊が諸教会に告げることを聞くがよい」と言われている。それは、聖霊がイエスのメッセージをはっきりと聞き取るように助けようとなさるからである。

聖霊は私たちに、御国と新しいエルサレムを見せてくださる

21章10節で、聖霊が再びヨハネのところに来て、彼を満たし、大きく高い山に連れて行き、そこから彼は聖なる都、新しいエルサレムが天から地上に降って来るのを見ることができた。この書物の最後の二章で、ヨハネは目の前に見た驚くばかりの光景を記している。次章ではさらに、ヨハネが見た

新しいエルサレムとその全体像を詳しく見ることにする。ここで重要なことは、この〔新しい〕世界の姿と最初のものとの関係を探ることである。ここで私が信じるのは、世界も人生も、イエスを見る時に、私たちに新しい仕方で開かれたものになるということである。多くの神学者たちは、人生と将来を理解するためにはただ神だけでなく、イエスを理解することがその鍵であると言ってきた。聖霊は私たちにイエスを見せるだけではない。聖霊は私たちのためのイエスの計画はどのようなものであるか、そして、イエスがそこに至る道を私たちと共に歩んでくださることも見せてくださるのである。

1章12－16節にあるイエスについての描写で、ヨハネは燭台と光、そして太陽が照り輝くようなイエスの姿を語っている。イエスは光、私たちに照り輝く太陽である。それによって私たちは前にあるものを見、混乱した人生の中でも歩み行く道を見る。ゴーマンは、黙示録から受け取る大きな賜物は、私たちの周囲の現実の新しい、異なるもう一つの見方であると述べている。プロテスタント〔教会〕はただ神だけでなく、人生をよりよく理解しようとすると言われる。事実そうである。多くの人々が知りたいのは、神が私たちと共におられるということだけでない。それと同様に重要なことはここでどうするのか、すなわち、人生の意味と目標とは何か、主は何をなすために私たちを召されたのかという事柄である。これらの事柄について知るために、この書物は非常に助けとなる。そして、イエスはこれら両方のことを知るよう助けることができる方である。

聖霊は、主が教会に何をなさるのかを示される

今日における教会と信仰者たちの大きな問題の一つは、思うに、私たちがもはや自分自身を、そし

て自分たちのメッセージを信じていないことである。外の世界――特にいわゆる先進国――では、教会の時代は終わった、人々はすでに福音を聞いたがそれを信じようとしないし、また信じられないと決断したと、耳にする。受け入れたくないことであるが、減少する数字〔教勢や会計状況〕、信仰に対する攻撃、教会への侮蔑などを見ると、クリスチャンそして牧師でさえも、教会について疑い始めるのである。

この種の疑いは、それほど新しいものではない。黙示録の手紙全体がそのことを告げている。そのため、すでに最初の章で聖霊がヨハネを満たし、そのようにして彼は七つの教会の〔真の〕姿を見ることができるようにされたのである。彼は諸教会の欠点や疑い、罪、誤りを見るが、キリストが諸教会の背後に、その間に立っておられることも見る。そして、そのことが見方を変えるのである。キリストの計画とは、聖霊の御業を通して、私たちにご自分の教会が神の支配なさるところであり、神の国の現れであることを知らせ、私たち一人一人に神を知らせ、私たちを神にあって世界に働きかける祭司とすることである（１・６）。栄光の中におられるイエスを見るならば、新しい目で自分自身を、また教会を見るようになる。私たちはキリストに属しており、その御名を掲げているので、キリストが私たちの背後に、また共におられるので、教会は自分たちができると考える以上のことをすることができると理解し始める。〔諸教会への〕手紙を読み、主が悪戦苦闘するご自分の諸教会に願っておられることを耳にする時、私たちはどうしたらそれができるようになるかと戸惑う。しかし、ヨハネが多くのことを願うのを躊躇しなかったのは、イエスにはそれが可能であると知っていたからであり、諸教会は聖霊が支配なさる場であることを見ていたからなのである。

聖霊は、危機と破滅の中にある世界の真の姿を見せてくださる

17章3節で、聖霊がヨハネを満たして荒れ野に連れて行くと、そこで彼が大バビロンという名前の女の姿を見たと言うのを耳にする。聖霊の仲介によって、ヨハネはただ彼女の絢爛豪華さ、きれいな衣装、魅力だけでなく、彼女の人間を惑わす影響力、淫らさ、ずる賢い悪をも見た。彼女が世界の王たち、商人たち、他の要人たちをねじ伏せるのを見る一方で、ヨハネは彼女の衰退と滅亡を見る機会をも得た。バビロンが滅亡する時、すべてが傾く。悪霊がその都を占領し、疫病、悲しみ、飢えが都を襲い、彼女は他の人に注いだ杯を自分で飲むように強いられる。「一瞬のうちに」あれほどの富が失われる、とヨハネは書いている（18・17）。彼女は裸で、荒涼とした姿で立つのである（17・16）。

主が私たちをご自身に立ち帰らせる方法の一つは、人生の結末を、特に神なしの人生の最期を見せることである。それが17章と18章で起こっていることである。霊の媒介によってヨハネは、また諸教会は大きな都の運命を、特に、その最期を洞察する目を得る。バビロンは豊かな生活と快楽を人々に与えたが、それは真実なものではなかった。その最期は悲劇、悲惨、絶望に終わった。

聖霊が私たちに悔い改めと新生とをもたらすために用いられる方法には、次のようなものもある。主は私たち自身が行った選択に私たちを委ねられることもある――私たちの助けと喜びがいったいどこにあるのかを教えるために。もしその時、私たちが苦痛と滅亡の中にある世界を見るなら、それは私たちが問題の一因であることを示すだけではなく、むしろ、問題を解決するための要因でもあることを教えているのである。

教会の第一の、重大な業――神とイエスを日々礼拝すること

これまで語ってきたことから、信仰者たちの生活に決定的変革をもたらすのは、栄光の中におられるイエスを見る時であることが明らかである。私たちがイエスを見る時、私たちは人生と将来をよりよく理解するようになり、自分自身と教会を新しい光のもとで見るようになり、さらにまたこの世界の行く末をも見るようになる。聖霊は四度ヨハネのところに来て、四つの光景を見せた。その一つ一つが重要であるが、私が信じるに、イエスを新しい目で見ることがすべての始まりである。信仰とは見ることを行うことであり、それはイエスが実際にどなたであるかを見つめることから始まるのである。

どこで、またどのように、愛と栄光の中におられるイエスを見るのか。私たちがイエスに目を向けつつ生きるためにはどうすればよいのか。この問いに対する解答はただ一つである。それはいつも神の臨在の前に進み出て、イエスの御顔、神の御顔を求めつつ絶えず聖書を読み、私たちが礼拝において新たに驚きをもって神の栄光と愛の前に膝を屈めることができるように、聖霊に願うことである。ゴーマンが次のように言うのは本当である――現実についての新たな、もう一つの光景は、ただ教会における礼拝、礼典によって生き生きと保たれるのである。

第七章　神が準備される新しい都
――それが私たちを触発し、招き、鼓舞する

1　将来のことを知りたいか

本書の章立てをした当初、新しいエルサレムについて別個に章を設けて書くつもりはなかった。しかし、黙示録そのものを、そしてそれについて書かれた注解書を読み続けているうちに、私はこのことについて章を設けないのは正しくないと認識するようになった。新しい天と新しい地、また神の都というテーマはこの書物の中で重要かつ中心とも言えるものである。このことについてはあまり議論する必要がないと思う。すでに1章がキリストの再臨に言及し、黙示録の最後の数章はこのことを明らかにしている。

さらに思考を重ねた結果、私はなぜこのことについて早々と、一章を設けて扱わないことに決断してしまったのかと自問し始めた。そして、私は来世についての教説をあれこれと詮索することに抵抗を覚える世代に育った者であることを自覚するようになった。私たちは、（何らかの理由で牧師の思い通りにいかない時の）脅迫手段として永遠の地獄に落ちると脅されたり、（物事があまりにもうまくいか

ないために）新しいエルサレムはどれほどすばらしいかという劇的な描写によって魅了されたりしてきた。私がかなり昔に自覚したのは、私の世代の人々は（おそらく教会の他のグループの人々も）、終わりの時のことを過度に強調することに過剰反応したということである。しかし、将来について何も言及しないのも肩をすくめるのも正しいことではないし、悲しいことでもある。このことはまた誰の助けにもならない。将来については誰もが気にしている。将来を予測することができ、支配できる人は得をする。将来を忘れようとすることは、自分から逃げることであり、そのような生き方がうまくいくことはほとんどない。私たちは明日に向かって生きるように造られている。ダニエル・ミグリオリ（Daniel Migliori プリンストン神学校名誉教授）は、これ〔将来を考えること〕は私たちの存在そのものの一部であり、私たちの遺伝子の中に組み込まれている、と言っている。明日が取り去られると、私たちはすべての希望も生きる意欲も失ってしまう。

　私たちクリスチャンは、もちろん将来を手に入れているのではないし、そうであるかのようなふりをしてもならない。これは、多分に六〇年前の説教が持つ問題の一つであった――私たちはある日に起こること、それがまたどのように起こるのかを文字通り知っているかのようであった。私たちは将来を手に入れているのではないが、それについて語っている書物、そして、ある方がその将来はご自分の手にあると語っておられる書物を手にしているのだ！　本章では、聖書が将来について私たちに語っていることに耳を傾ける時を持ちたいと思う。

2　黙示録が将来について語っていること

本書では、聖書全体が語っている将来について耳を傾けることはできないが、黙示録がこのテーマについて語っていることに耳を傾けることができる。すでに見たように、終わりの時のこと、将来の命のことが、この書物の重要な場を占めている。この書物の最初の章から最後の数章まで、終わりの時について多くのことを言及している。黙示録が終わりの時についていったい何を語っているかと問うなら、注目すべきいくつかの特別な箇所がある。1章7－8節には、イエスの再臨のことが直接触れられている。七つの手紙の一つ一つ〔2－3章〕には、終わりの時のある側面について簡素に示されている。そして、もちろん最後の四章（19－22章）もこのテーマに焦点が当てられている。さらに、すでに死んで主のもとにある信仰者たちの命にスポットを当てている7章と14章にも注目することにする。

黙示録の最後の四章には多くの事柄が語られている。それはバビロンが陥落した後に、神が勝利を勝ち得られたことによって天で歓喜が生じたと語られることから始まる。その後、小羊の婚礼の大祝宴があり、続いてキリストの再臨があり、二頭の獣とその仲間であるサタン自身の終わりへと続く。その間、20章1－6節に難解な部分として知られる、いわゆる、千年王国がある。その後に最後の審判があり、新しい天と新しい地、そして大変詳細に描写された新しいエルサレムのことが語られる。この書物の最後では最後の警告が、そして、イエスが確かに再び来られるという約束が再び繰り返される。

多くの学者たちが同意しているのは、19－22章を一つの光景として、次のことが続いて起こるという、一連の時間的順序による解説と理解してはならないということである。もしそのように理解するならば、物語の意味づけをすることが大変難しくなるし、そのような理解は聖書の他の箇所が終わりの時について語っていることと合致しなくなる。むしろ、それらは終わりの時のさまざまな要素——イエスの救いの御業の最終部分——と理解すべきである。言うまでもないが、すべてを文字通りに受け取るべきではない。ここには再び、比喩や象徴にあふれた黙示文学的表象がある。私たちが理解すべきなのは、それぞれの象徴が何を告げようとしているのかということである。イエスが最後の瞬間になさる二つの主な事柄とは、ご自分の再臨と、新しい都エルサレムを建て上げることである。このことについて、次の二つの節で見ることにする。

3　白い馬に乗った騎手——イエスの再臨

クリスチャンが終わりの時について信じるべき最も重要なことは、イエスが再び来られ、ご自身の開始された御業を終わらせられるということである。私たちは、終わりの時にあれこれのことが起こるとは信じない。重要なのは、私たちのところに戻って来ると約束された方を信じることである。アドリオ・キューニッヒ（Adrio König 元南アフリカ大学教義学教授）は、このことを次のようにうまくまとめている——「クリスチャンが信じるのは、終わりの時に多くのことが起こるということではなく、終わりである方、イエス・キリストである」(The Eclipse of Christ in Eschatology: Toward a Christ-Centered Approach, 1989)。新約聖書全体が証言しているのは、イエスは開始された御業を完成させるために、終わりの時に再び来ると約束されたということである。このことは聖書の多くの箇所で、また黙示録で明確に言われていることであり、クリスチャンはこのことを信じ、待望している人々である。このこと〔再臨〕に関わる多くのことについては、聖書はただ漠然と語るだけで、明確に語っていない。「イエスが再び来られる」――このことが私たちの信仰告白の核心部分なのである。

ここで明確にしておきたいのは、イエスの再臨は福音のおまけなどではないということである。それは余分とか付け足し、アンコール、来ても来なくてもどちらでもよいというようなものではない。それは福音の本質的な部分なのである。つまり、イエスの再臨を除いては、福音は完全でも、真の福音でもないのである。私たちが今持っているもの、今それによって生きているものの大部分は約束に基づいている。それは空虚なものではない。約束は真実であり、これが人生を大きく異なるものにする。しかし〔同時に〕、私たちの救い、また世界の救いの大部分はいまだに待望しているものである。世界はいまだ日々滅びへの隷属のもとでうめき、産みの苦しみを味わっており、私たちクリスチャンもうめき、苦しんでいる（ロマ8・22－26）。イエスの救いの御業は十字架の死と復活、昇天で終わったのではない。それは、私たちの救いの第一部にすぎない。第二部がある！　イエスは今生きておられる。そして、第三部が来る！　イエスは再び、その御業を完成するために来られる。これが最終的な終わりの時なのである。

黙示録から、イエスの再臨について何を知らされるのか。1章7節は、イエスが雲に乗って来られて、すべての人の目がイエスを仰ぎ見ることになると語る。ヨハネは、またその日は多くの人々にとって大きな嘆き悲しみの日となるとも警告する。それは、彼らがイエスを信じないことで、自らに何を行ったのかを知ることになるからである。ヨハネはさらに明確に、イエスの再臨は確かであり、確実であると宣言する！　このことは、神とイエスに対して用いられるいくつかの名前から確信される。すなわち、「今おられ、かつておられ、やがて来られる方」また「アルファであり、オメガである方」つまり、初めであり、終わりである方と呼んでいるからである。神とイエスは始められた御業を完成される。19章において、イエスは白い馬の騎手として描かれている。再臨の意味とは、イエスが悪の力すべてに勝利されるということである。

イエスの再臨は勝利の日、信仰者たちの最終的な救いの日として描かれている。しかし、その日はイエスを信じなかった者に対しては裁きの日であり、真理の日でもある。再臨の日は、すべての人に真理が明らかにされる日でもある。

- イエスは王の王、主の主として、今なお血染めの衣を身にまとわれた方として啓示される。それはイエスが殺されたからではなく、他の人々のためにご自分を差し出された方だからである。
- その日はまた、二頭の獣と大バビロンの嘘と欺きが暴かれる日でもある。すべての人が彼らの汚れと真実の姿を見る。そして、すべての人々が、獣の刻印を受け入れ獣の像を拝むことに盲従した人々の愚かさを見るようになる。
- その日は、信仰者たちもその信仰が認められ、最終的に、名実ともに救われる。すべての人々がそれを見ることになる。世界は神がご自分の子どもたちを愛しておられること、神を信じることが正しかったことを見る（3・9）。
しかし、本質的なことは、19章11節にある白い馬に乗った「忠実」および「真実」な方と呼ばれる方が、確かにその御業を終えられるのを、私たちが知るようになるということである。

4　新しい天と新しい地、そして新しい都エルサレム

黙示録が終わりの時との関連で語っている第二の事柄は、新しい天と新しい地、そして新しい都エルサレムである。ヨハネはこのことについて聖書の他のどの書物よりも広範に、かつ詳細に語っている。このことは、聖書の他の書物が永遠の神の国についての証言にしっかり立っていないということではない。福音書においてイエスは至るところでそれについて言及しておられるし、またパウロもペトロも数多く言及している。ただ聖書の他の書物にはそのような広範な描写がないというだけのことである。黙示録の新しい天と新しい地の言及は、同様の文学的な様式で語っている旧約聖書のテキスト、イザヤ書65章（17－25節）を用いていることが明らかである。

しかし、〔黙示録によって〕必ずしも新しい天と新しい地がどのようなものかについてより多くのことが分かるというわけではない。すでに述べたように、ヨハネは多くの比喩や象徴を用いて描き、第一義的には詳細な事実ではなく、むしろ、幻や印象によって告げているのである。ステレンボッシュ大学の哲学教授の一人であるフレディ・キリステン教授（Freddie Kirsten）は、ある日学生が来て天国について質問し始めた時、「私たちは天にある『家具』についてはあまり分からない。まず君がそ

こに行けるようにしなさい」と答えたという。バルトも同様に、誰でも自分のしたいように自由に新しいエルサレムのことを想像してよいと述べたそうである。ともかくその方がよいと思う。

ヨハネが描いた姿は印象的であり、また魅力的でもある。その時代の人々にはもっと印象深く、また魅力的であったに違いない。彼は読者に、彼らはきっと世界のあらゆる美しい場所のことを聞いていたに違いないが、新しいエルサレムはそれらすべてを超えて、比較できないほど遥かに美しいものであることを知らせようとしたのである。ヨハネが描写している一つ一つの宝石やそれぞれの色に、独自の意味を見ようとすることにも慎重であるべきである。建物や宝石は単に、神の栄光が都の至るところで見られるということを告げようとするものである。高い壁は都の安全性を告げようとするものであり、一二の門と一二の土台は主がそれにより、イスラエルまた教会とご自身との恵みの契約を確かにされたことを告げるものである。しかし、特に21章22節から22章6節にはその姿がアニメーションのように美しく描かれている。

- 神の玉座をその起源とする命の水の川が、都を通って流れている。
- 渇いている者には、命の泉から飲み水が与えられる〔21・6〕。
- 川の岸には年に一二回実を結ぶ木が立っていて、その木の葉は諸国民の病を癒やす。
- 涙はことごとく拭い去られ、もはや死もなく、悲しみも嘆きも痛みもない〔21・4〕。
- 都には神殿が必要ない。それは神ご自身がご自分の人々のもとに住まれ、〔神とイエス〕が神殿だからである。
- そこには太陽や月も必要ない。それは主が都の、また人々の光だからである。

・そこには海がない〔21・1〕。それは悪魔が増殖し、身を隠す場所である。私たちが不安と危険を感じる夜もない。

・都の門は終日開かれている。それはすべての国民がここで歓迎され、ここに住みかを得るからである。

ボウカムは、新しいエルサレムを三つの異なる側面から見ることができるとし、興味深い区別をしている。それは場所、人々、そして神の臨在をそれぞれ区別して見るということである。この区別は都の栄光とすばらしさをよりよく理解するための助けとなる。

第一に、場所である。今、右で見た描写は、完成した神の国を指している。イエスの御業を救いの業、新生の業、癒しの業とするならば、それについての最善の理解は再創造の業ということである。イエスと聖霊によってなされた御業は、罪と悪によって破壊された神の創造に関わることであって、それを回復して最初に持っていた栄光と輝きを取り戻すことである。それは最初の創造よりもより美しいもののように見えるが、しかしまったく新しい秩序にあるものというわけではない。このことは、新しいエルサレムをより物理的に考えるべきだということを意味する。ある人々は、新しいエルサレムを天国と考える。それは確かに間違いではないが、この考えは誤解を招きかねず、ある人々に新しいエルサレムはまったく霊的な（肉体的ではない）存在の形態であるという印象を与えがちである。ヨハネにとっては聖書の他の著者たちと同様、彼が新しい天と新しい地について語っていることは、私たちが地上の生活を新しい仕方で感謝しつつ、楽しむ場所としての新しいエルサレムの姿を強調している。このことはまた、私たちが地と呼ぶ場所をよりよく見つめ始め、私たちがいつもしていることをよりよく見なければならないことを意味する。

しかし、この新しいエルサレムはまた人々として見なければならない。神の本質の大きな部分として神は三位一体であり、その三つの位格（人格）は互いに交わりと愛の中で存在しておられ、また働かれるので、愛と共生と互いの交わりはこの世と将来の生活の両面で、命の大変重要な部分である。神は命を私たちに与えることができるすばらしい喜びの本源であり、他者との交わりと共生をもたらされた。新しいエルサレムにはまたもはや悲しみもなく、必要なものすべてを得た人々が描かれている。そこにいるのはただ一つの国民、民族から成る人々だけではなく、イスラエルが、また教会がそこにあり、あらゆる国民、民族の人々がそこにいる。そして、その門は終日開いている！　このことは、人々がほぼ同時に悔い改め、そこに入るのに遅れることはないということを示しているようである。人間の都としてのエルサレムの最も美しい光景は、小羊の婚宴が語られている19章５－10節から得られる。イエスについての教会の証しを受け入れ、イエスを信じたすべての人々は、どの民族、部族、国民であってもその席に着くことができる。このような方法で、主は新しい交わりと友情をご自身の子どもたちすべてと築かれる。

しかし、新しい都について私たちが言うことのできる最も重要なことは、主ご自身が確かにそこに臨在なさるということ、それも主が現在私たちと共におられるよりも完全な形で見ることができるということである。このことがここでいくつかの表現で語られている。

- 「見よ、神の幕屋が人と共にあり、神が人と共に住み、人は神の民となる」（21・３）。
- 「神と小羊の玉座が都にあって、神の僕たちは神を礼拝」する（22・３）。

• 全能者である神、主と小羊とが神殿であって（21・22）、神の僕たちは御顔を仰ぎ見る（22・4）。

これらの箇所で、新しい天、新しい地、新しい都と「新しい」という言葉を何度も耳にする。旧い天と地は過ぎ去った。さらに見ると、玉座に座している方はこう叫ぶ――「見よ、私は万物を新しくする」（21・5）。すばらしいことは、主が壊れていたものを癒やし、健全にされるということである。主が創造者であり、全能者であられるので、無から何でも創造されるということは旧約聖書から知っている。しかし、私にとって驚くべきことは、主は人間が破壊したものをご自身の命を通して癒やし、うめき声を上げ、血を流している破壊され続けた世界を変え、回復されることである。主は第二、第三のチャンスを与える神でもあられる――これが、私たちが世界に告げることのできるメッセージである。自分の人生を弄んだとしても、賜物を無駄にしたとしても、それですべてが終わりではない。神は私たちを新たにすることができるので、私たちは人生のただ中でも最初から始めることができるのである。ドイツのユダヤ人哲学者フランツ・ローゼンツヴァイク（Franz Rosenzweig）はある機会に、彼がクリスチャンを羨ましく思う一つのことがあると述べた。すなわち、「彼らはキリストの御名において、人々に、まったく新しいと呼ぶことのできる、驚くべき人生を提供することができるのである」。

それで、主は私たちが新しいことを始める時はいつかと待つ必要はないというすばらしい言葉を付け加えられるのである。主は人々に今ここで新しい始まりを与えることができる！「事は成った（それはすでに起こった）」！と、主は言われる。渇く者は誰でも「今」、命の水の泉から飲み始めることができる（21・6）。神の明日はすでに今日、始まっているのである！

5　待望している間に起こること

21章10節に記されているように、ヨハネは聖霊の御業によって新しいエレサレムが天から降って来る姿を見た。私たちはいまだその時点にはいない！　将来を新しく見、それが確実なものであると耳にすることができるのは大変嬉しいことであるが、しかし、その間、私たちはいまだこの旧い地で、イエスの来臨と再臨の間に生きている。ヨハネが特異な仕方で私たちを助けるために語っているその間の二、三の事柄については、大きな見解の相違がある。

サタンの拘束と、いわゆる千年王国を扱っている21章１－10節をどう理解するかについては、著しい見解の相違がある。ここではそれらの諸説には入らない。それでも注解者たちの多数派は、サタンの拘束はすでにイエスの最初の来臨の時期に起こったと理解すべきであるとの見解である。福音書には何度もイエスとサタンの間の戦いがあるが、この方はサタンよりも強く、サタンを拘束したと語っている。しかし、サタンは死んでしまったり、まったく打ち負かされたというわけではない。黙示録20章７－10節が語っている通り、それがまずイエスの再臨の際に起こることである。しかし、サタンはもはや自分がしたいようにはできず、傷つき、拘束され、その力は抑えられている。この見解は、13－18章に記されていることと合致しないように見えるが、その意味は、信仰者たちは両方の光景を見なければならないということである。サタンはもし機会を与えられたなら、人々の人生を滅ぼし、人々が命を得ることをまったく不可能にすることができる。これが13－18章が告げようとしている真理である。しかし、私たちが主に従順であり、主の近くに留まるなら、悪は私たちに簡単には近づけず、誘惑したり、欺いたりすることができない。それゆえ、サタンを恐れることはやめるべきである。恐れに私たちの人生を支配させてはならない。サタンは敗北する敵である。サタンは拘束されている。「見よ、すでに今そうなっている」（16・17、21・6）と主は言われる（ルカ10・18参照）。

サタンが拘束され、抑えられているというこの情報は、私たちの証しの業を力づける！　この書物におけるヨハネの大きなメッセージは、キリストの来臨と再臨の間の時期は証しと宣教の時代だということである。私たちがキリストの再臨を待っている間、この書物の預言のメッセージを広める時間がある。このことは、22章6－21節ではっきりと聞き取ることができる。この部分は緊急的な響きを帯びている！　この書物のメッセージを聴いて、真剣に受け止める必要がある。私たちがキリストの再臨を待っている間にはまた、悔い改めと新生の機会がある。そして、教会は、このメッセージを諸国民に告げ知らせる責務を持つ人々の集まりである。それゆえ、これは満ちるのを待つだけの消極的な待ち時間なのではない。この時は、私たちが神への信仰を愛の生活において示し、正義と聖なることを、否、イエスについての預言者的証しを告げ知らせる機会なのである（22・10）。

そこには注目すべき第三のことがある。黙示録の中ほどの7章1－8節、また14章1－5節の二箇所で、ヨハネは封印とラッパ、そしてそれに伴って起こる悲惨についての物語に割り込みを入れ、天における意外な光景に目を向けさせる。この光景において、私たちはすでに死んだ――または殺された――信仰者たちを見る。そして、ヨハネは彼らの死とキリストの再臨の間の期間、彼らは安全であると語る。そこには多くのことが言及されてはいないが、次のことを決して見逃してはならない。すなわち、両方の箇所にある一四万四〇〇〇という数字は、旧約聖書と新約聖書の教会の総数を言おうとするものである。それはまた、14章1節によれば、彼らがある意味で今すでにキリストの臨在の前にあることを告げるものである。

6　これらすべてを知ることによって何が変わるのか

この章のタイトルに示したように、私たちが待望する将来について知ることは、すでに私たちの人生を有意義なものに変える。キリスト教信仰の持つダイナミズムの大部分は真にここにある。最後に、これらの約束が私たちの人生に積極的な影響を与える五つのことを短くまとめて示すことにする。

・第一に、私たちに将来についての確信、平安、安心な気持ちを与えるということである。私たち人間は前に向かって生きるように造られた。将来についてまったく予測することができない、またより深刻に、将来がまったく分からないことほど、私たちを疲れさせ、不安にさせ、いらいらさせ、憂うつにさせることはない。特に、これからのことに確信を持つことは、私たちの人生を大きく変える。キリスト教信仰が私たちに与えようとするものは、これである！　帆船に乗り、とても不安な航海をしたことのある人が、「安全に向こう側に到着することができると前もって確信できるなら、何はともあれ、これ以上のことがあるだろうか。それで嵐さえも違ったように経験する。さらに深刻なことに、自分が病気になる場合もある。しかし、嵐が船を完全に破壊することはないと知っているなら、すべては変わる」と書いていたのを思い出す。これがまさにクリスチャンが福音から受けている約束なのである。

・第二に、この将来像は私たちを鼓舞し、また動機づける。心の平安は、人生で何ができるだろうかと再び夢を見る機会を与える。人生は時に厳しかったり、過酷だったりするが、神の支配の外にあるのではないと知ることができる。それゆえ、希望を失うことなく、勇気とやる気を持って前に向かって生きることができる。私たちは、自分が考えるよりも多くのことを変えることができる。将来像を得ることで、私たちは新しい展望と希望を与えられる。新しいエルサレムで生きるという光景は、私たちの確信を強め、福音への深い感謝の念を呼び起こす。永遠の命の中で愛と尊敬、真理と誠実、正義と聖性が満ちているなら、他の人がどうであるかにかかわらず、私たちが今すでにこれらの価値基準に従って生き始めることは大変意味のあることなのである。小羊の婚宴は、教会にエキュメニズムと協力についても教える。ある人はこう言った――「私たち皆が、すべての教会がある日、〔一緒に〕小羊の婚宴の席に着くことになるのなら、今からもう少し頻繁に共に食事する訓練を始めなければない！」。

・第三に、すでに述べたことであるが、将来の約束は、教会における宣教体制と活動に特別なエネルギーを与えるものである。これが私たちが生きる間の意味なのである。イエスの再臨の確約と、最終的にはイエスご自身が新しい神の国を打ち立てられると約束された事実は、大きな重圧から私たちを解放する。私は「主に信頼し、善を行え。地に住み、真実を育め」（詩37・3）という言葉を思い起こす。主は私たちに不可能なことを求められるのではない。私たちはサタンと二頭の獣に勝つ必要も、ローマ帝国に勝利を収める必要もない。私たちにはそのようなことができない。私たちができること、しなければならないことは、彼らと戦おうとすること、彼らの嘘と欺きを暴露することである。また、私たちがまず人々を悔い改めさせようとする必要もない。それは聖霊だけができることである。しかし、私たちはイエスについての証しを実直に、言葉と生活を通して告げ知らせることができるし、そうしなければならない。宣教的教会は、次の一〇年以内に世界を立て直すというものではない。興味深いことは、22章では教会を動機づける一端として天使がヨハネにあらかじめ、不正を行う者はさらに不正を行い、汚れた者はさらに汚れた者となると言っていることである（11節）。私たちがすべての人を悔い改めさせるのではない！　それでも、より正しいことを行い、より聖なる者となることをやめてはならないのである。主は成功ではなく、従順と忠実を求められるのである。

•さらに、将来への明確な展望を持つことは、私たちの現在について健全な視点を与える。私たちが人生においてなすべきさまざまな決断は、正しいか間違っているかの間ではなく、価値あるものかそうでないかの間でなされなければならない。将来への良い展望を持つことは広い視野で見ることであり、私たちが優先順位を付けるのを助ける。これに関係して、諸教会を蝕んでいる問題は――これは私たち自身の問題でもあるが――、周囲の世界が彼らを魅了し、恐れさせ、神のもとにある展望や約束を見失うまでにさせるということである。ヨハネはその治療薬として、新しい都の鮮明な光景を描き出し、彼らがやがて来たる事柄に再び目を向けるよう、助けようとしたのである。

•興味深いことに、カルヴァンが推奨した信仰の訓練の一つは、いつも将来を見つめて考えるように、というものであった。すなわち、日々、将来のことを考えるために時間を割くということである（『キリスト教綱要』Ⅲ・9）。カルヴァンにとってそれは確かに、逃避や空想のためではなかった。ただ神と神の約束を決して忘れることがないようにするためであった。いつも神の将来について黙想するということは、私たちが判断したり、良い決断をする助けとなるが、それは同時に、神が私たちに求められることを行うために必要な目的と勇気を得るためでもある。神の将来に目を向けるために必要なことは、いつも静まって、神を礼拝することである。いつも神を礼拝するということは、すでに何度も耳にしたことであるが、これは教会が現実の上にもう一つの展望を築く、唯一の方法なのである。それゆえ、黙示録は神礼拝をこのように目立った場所に置くのであり、その最後の章では再び、次の言葉を耳にするのである。「神を礼拝せよ」！〔9節〕、そして〔それに応える〕教会の声は「主イエスよ、来りませ」〔20節〕なのである。

第二部　キリストが聖霊によって七つの教会に語られたこと

――そして、現在の教会へのメッセージ

第八章　エフェソにある教会に宛てた手紙
――真理のための労苦と熱意は、最初の愛を忘れては意味がない

1　この都市と教会について分かっていること

エフェソはその時代の小アジアにおいて、古くから有名な町として知られていた。この都市は紀元前一一〇〇年に起源を持ち、アジアの偉大な女神アルテミスの神殿が建てられたことで名声を博していた。アルテミスのために建てられた神殿は巨大で、古代世界の七不思議の一つに数えられている。エフェソの政治的、経済的な重要性は、この町がアジアへの玄関口に位置する港町であったことによる。ローマ帝国〔が支配した〕時代の住民は約二五万人であった。ローマ帝国は後にペルガモンをその州の首都としたが、エフェソはなおも重要で、引き続きその地域の経済的、文化的中心地であった。

宗教と信仰に関してもエフェソは大変重要な町であった。アルテミス神殿は多くの祭司と女祭司を有する宗教的活動の巣窟であった。町は後に、皇帝崇拝の強力な中心地となった。皇帝アウグストゥ

スはすでに紀元前二九年に、皇帝のための神殿をエフェソの地に建てることを受け入れさせていた。そのような強い宗教的雰囲気の中で、使徒言行録がそこには魔術を行う者も大勢いた、と告げるのは驚くにあたらない（19・18－20）。

エフェソにあった教会については、比較的多くのことが分かっている。パウロの宣教旅行と働きを記録した使徒言行録によると、エフェソにあった教会はプリスキラとアキラによって設立されたものと結論できる。パウロは数回この教会を訪ね、時には三年以上もそこに滞在した。使徒言行録18章24－28節によると、アレクサンドリア出身のユダヤ人アポロがその地に来て、ある期間エフェソで活動していた。使徒言行録19章にあるルカの報告によると、エフェソでの宣教活動は抵抗を受けたこと、クリスチャンはさまざまな問題や大勢の反対者に囲まれていたことが分かる。ここでの話の内容から即座に、宗教が経済的な事柄や政治に絡み合うと、命が危険にさらされることさえあったことが分かる。

しかし、問題に直面する中にあっても、宣教のために十分な機会はあった。教会は使徒言行録19章が告げる危機を乗り越え、徐々に人数が増えていった。初期キリスト教の歩みにおいて、教会は重要な役割を果たしたのである。その町に滞在する間、パウロはこの町をアジアでの福音宣教の拠点としていた。一説によると、このエフェソが（黙示録の著者とは別のヨハネによると思われる）ヨハネによる福音書とヨハネの手紙が書かれた場所で、パウロの牧会書簡の起源もこの町にあるのではないかと推測される。この章で後に触れるが、意義深いことは、パウロがコリントの信徒への手紙一16章8－9節で「五旬祭まではエフェソに滞在するつもりです。私の働きのために大きな扉が開かれているだけでなく、反対者も大勢いるからです」と書いていることである。パウロが「扉が開かれている」と言ったのは、「反対者も大勢いる」という現実のただ中でのことだったのである。

2　この教会の強み――彼らは真理を真剣に守った

黙示録が書かれた時代、エフェソのこの教会は設立されてから四〇年少し経っていて、比較的に強い教会であったに違いない。ヨハネのこの〔教会への〕手紙から、その活動は活発で、さまざまな良い点、褒められるべき点があったことが明らかである。

•主はまず、「私は、あなたの行いと労苦と忍耐を知っている」と言って褒められる〔2・1〕。労苦とは広い概念で、おそらくはさまざまな活動や奉仕を指す。この教会の人々は働くことを恥とはしなかった。

•主はまた、ここで二回（2・2、3）、彼らの忍耐力、持久力を褒められる！　彼らは始めたことを忠実に保ち続けた。忍耐力、持久力を持つことは、すばらしい美徳である。この手紙の多くの箇所で、またこの書物の他の箇所でも、信仰者はそれを保ち続けるよう呼びかけられている。

•この教会は、キリストの名のために耐え忍ぶ準備のあることを褒められている。繰り返し、この教会の勇気と忍耐のことが語られる。彼らはただ耐え忍んだだけではなく、苦しむことも受け入れ、信仰のために揶揄されたり、損害を受けることにも耐え忍んだ。彼らは疲れ果てることなくそうしたのだと、ヨハネは書いている。

・これらの賛辞とは別に、主は彼らの真理に対する熱意も褒められる。彼らは真理を大切にした。教会の中には、使徒たちの仲間で、おそらく一二使徒の周りにいたより広い仲間の者たちであると自称するグループが入り込んでいた。教会は彼らによって惑わされたが、よく調べてこの人々の教えが間違っていることに気づいた。彼らは後に他のグループ、すなわち、ニコライ派（これについては、後でより詳しく見る）からの脅迫に直面しても、その正体を見抜き、彼らを取り除いた。この教会がどれほど真理に真剣であったかは、彼らは「～の行いを憎んだ」という言葉からうかがい知ることができる。

オランダの宣教学者であるＪ・Ｈ・バーフィンク（J. H. Bavinck）は、次のように書いている。「エフェソの教会員のような人々を私たちはよく知っている。彼らは誤った教えに敏感で、すぐに気づいて排除しようとする。彼らはそれを強く意識し、問題に遭遇した時には、確固たる強い姿勢で臨むことを厭わない。間違っていると思うことには容易に『否』と言う能力を発展させた人々である。そのような人々も教会には必要である。人々がイエスに『然り』と言ったのなら、どのようなことに対してであれ――イエスを蔑む自分自身であれ、どのような思想、どのような精神的風潮、どのような要求、どのような友人、どのような敵に対してであれ――、『否』と言ったことを知っておく必要がある」（バーフィンクの書物から自由に訳した）。

３　この教会の大きな誤り――彼らは初めの愛を離れてしまった

しかし、人が真理に固執するあまり、福音に関わらないことにも固執してしまうという事態も起こりうる。それがエフェソで起こったことである。２章４節で、キリストはこの教会に「しかし、あなたに言うべきことがある。あなたは初めの愛を離れてしまった」と言われた。人はそのように、真理に固執する過程で愛を忘れてしまうことがある。そのようにして、その疲れ知らずの熱意と忍耐すべての価値を下げてしまうというのは、愛がなければすべては無に等しいからなのである（一コリ13・2）。

このようなことが起こるのは残念なこと――さらに大変悲しいことである。真理に関して断固戦う教会が愛を失ってしまう、そして主によってそのことが曇らされ、明るみに出される。このことがどのようにして起こったのか、私は理解できる。というのは、生涯の中でそのようなことが何度も起こるのを見てきたからである。これは、人々がある日決断してそうなるというものではない。通常、徐々に時間の経過と共に起こるものである。私はこの経緯を描いたある話を聞いたことがある。それはある庭師の話で、次のようなものである。本当に美しい庭が欲しいと思うならば、その秘訣は雑草を管理できることにある。この意味は、いつでも庭に来て雑草を見かけたなら、それが大きく成長する前に引き抜くということである。庭のことを真剣に気にかけているなら、見分ける目が養われ、確実に雑草を見つけては引き抜くことができるようになる。それで、ある人が自分の庭を愛し、その間に見る目を養った。庭師はそう話した。そして、その人はある日、自分の家に戻って、しばらく庭で時を過ごして満足し、自分を誇った。しかし、その人はそこに咲いている一輪の花にさえまったく目を向けることがなかった。彼はある瞬間、ある事実に気づいた――何か月もの間、自分の庭にある美しい花々を見るよりも、ただできる限り多くの雑草を見つけようとして、眺めていたことに。

このようなことは、私たちにも起こりうる。私たちが神の国や教会のことに心を寄せるなら、正しい教えに精通していなければならない。そして、真実ではないことや、偽りの福音をできるだけ早く取り除き、止めるようにしなければならない。しかし、私たちはそうしているうちに人々よりも、福音よりも、愛よりも、偽りの教えにばかり目を向けてしまうことも起こりうる。

この教会には、この点で良くない歴史があった。それで、主は七つの手紙の最初にこの問題を取り去ろうとされたのである。〔教会は〕何世紀にもわたって、真理の名のもとに恥ずべきことをしてきた。人々は真理のために排除され、傷つけられ、また殺されさえもした。キリスト教会は分裂した――時代を通して、文字通り何千もの教派に。その理由は、真理がそうするよう自分たちに要求していると思ったからである。正当な動機からの場合もある――人々はそれが彼らに求められていることだと考えた。願わくば、今日そこまでは進まないようにしたい。私は意見の異なる人々、また直接には深い関わりのない人々に対して愛をもって接するように心砕いている教会があり、信仰者たちがいることを知っている。リチャード・マウ（Richard Mouw）は何年も前に『品位なき世界における特異な品位のキリスト教的礼節』（Uncommon Decency Christian Civility in an uncivil World, 1992）という書物を書き、その中で彼はアメリカの福音派のクリスチャンたちのことを憂いて、彼らの主に対する熱心さは人間的な品位をまったく欠いていると嘆いた。クリスチャンは決して愛と品位を失ってはならない。クリスチャンにはただ「一般的な品位」が求められるだけでない。イエスに倣おうとするなら、求められているのは「特異な品位」であり、それは私たちとは異なるすべての人々に対しても示されるべきである。

愛の重要性について扱っている手紙が七つの一連の手紙の最初にあることは、私が思うに、イエスやパウロ、また聖書の他の箇所が福音をどのように語っているかに沿ったものである。福音の第一の、そして重要な戒めは、心を尽くし、魂を尽くし、思いを尽くして、神を愛すること——そして、隣人を自分のように愛することである。イエスは第一義的に真理のために死なれたのではない。イエスは人々のために死なれたのである。パウロはコリントの信徒への手紙一13章で、愛を知識よりも、秘義よりも、預言よりも大いなるもの、すべての中で最も大いなるものだとうたう。永遠に残るのは教義ではなく、愛である。愛は教会にとって重要なことのすべてではない。〔パウロは〕他の六つの手紙で他の課題、事柄について語っている。しかし、すべてのことが愛をもってなされるべきであり、私たちの生活のすべてにおいて愛を表すべきだということには議論の余地がない。愛なしには他のいかなるものも意味がない。

時折、人々は教会生活では愛と真理は同等に強調されなければならないと言う。わたしはこの考えが正しいとは思わない。真理と愛は、いわゆる平等にバランスを取るというような二つの事柄ではない。この二つは緊張関係にある事柄ではない。真理に真剣に取り組む時には愛に富む余裕がなくなるというものではない。真理に真剣に取り組むなら必然的に愛が邪魔になるということでもない。この二つは互いに妨げ合うことにはならない。

〔黙示録２章〕４節をよく見ると、この事柄をよりよく理解する助けとなる。興味深いことに、新旧のアフリカーンス語訳聖書ではこの箇所の翻訳が異なっている。旧訳では「しかし、あなたに言うべきことがある。あなたは初めの愛を離れてしまった」とする。これはまさに字義的で、おそらく安全な訳である。一方、新訳では「しかし、あなたに言うべきことがある。あなたは私を初めの頃のように愛してはいない」となっている。新訳は明らかにこのテキストの解釈であり、教会がキリストを最初の頃よりも愛していないと言っている。4節では実際に、その愛の対象について明確に言及してはいない。彼らが誰に対して初めのように愛していないと言うのか、明らかにされていない。私の印象では、多くの注解者たちは、彼らが失った愛についての警告は第一義的に、人間に対する愛のことを指しているとする。彼らは真理に真剣に取り組むことによって、もはや人々を見ようとしなくなった、人々に鈍感になってしまった、彼らは愛を失ったので、何が本質的なことであり何がそうでないかの区別がもはやできなくなってしまったのである（フィリ１・10）。

しかしながら、それでも比較的多くの注解者は新しいアフリカーンス語聖書がしている選択を支持し、教会はまさにキリストへの愛を後退させたという解釈の方を採用する。つまり、彼らは神と神の愛への熱意と感動を失ったとする。この箇所を読んで私が思い起こすのは、「放蕩息子」の譬え（ルカ15・11以下）の何の喜びもなかった兄の姿である。彼は父の家にいることに慣れきってしまって、父の栄光をもはや見ることがなかった。それがどのようにして起こったのか、誰でも分かる。人生で最高のすばらしいことに慣れてしまうと、その魅力がすべて失われてしまうことがある。エフェソにある教会への手紙は、このことがクリスチャンにも起こっていると警告しようとしたのである。バーフィンクはこのことについて、「彼らはもはや目の前にイエスを鮮明に見ていなかった。彼らはキリストの十字架の姿を見失った。彼らの祈りは錆びつき、主との交わりは形骸化し、主にある喜びはほぼ消えかかっていた。彼らの目は厳しい、容赦のないものになっていた」と言う。バーフィンクの言葉から、二つの事柄は互いに結びついたものであることが分かる。もし、私たちがイエスを鮮明に見ていないのなら、柔軟さを失ってしまう。厳しく、容赦なくなり、人々を真理でもって平気で攻撃してしまう。私のある友人はいつも、時には聖書箇所も互いに撃ち合う鉄砲玉と化すると言っている。

4　愛を失うと、宣教への熱意と展望を失う

注解者たちの中には、4節にもう少し耳を傾ける必要があるという意見もある。黙示録の注解者たちの中で尊敬されるべき一人、グレゴリー・ビール（Gregory Beale）は、彼らが失った「初めの愛」とは、教会の創成期にあった宣教への熱意を指していると言う。そして、「エフェソの教会のクリスチャンたちは使徒的教えの純粋性を維持することに心を砕いたけれども、彼らの信仰を外の世界に証しすることに熱心ではなかった。これが、キリストが彼らは初めの愛を離れてしまったと厳しい言葉を発せられた意味である」と述べている。そこで彼はマタイによる福音書24章1－14節に言及しつつ、黙示録2章4節の意味を示そうとする。そこでも終わりの時とキリストの再臨、そして教会はその間どのようにすべきかが語られている。さらに、ここでも教会を惑わし、愛を冷やしてしまう多くの人のことが（12節）、また福音宣教の熱意を失わせる人々のことが記されている（14節）。

興味深くまた不思議なことであるが、この〔エフェソの教会への〕手紙では伝道や福音宣教のことが一切触れられていない。この教会はどうやら教会内部の問題に集中し、教会の外の人々のことを考え

始めることができなかったようである。奇妙なことに、この教会は初めの頃とまったく違ったものになってしまった。四〇年前、パウロとアポロは精力的に、熱心に肩を並べつつ、この町で教会の指導者たちと共に福音の進展のために働いた。彼らは説教し、教え、人々と議論し、人々に福音の真理を納得させようとした。人々は耳を傾け、大勢の人々が信仰に入った（使19・18）。そして、さらに次のことも起こった。パウロは、主が彼に託された開かれている扉を用いて、エフェソからアジア全土に福音を広げたのである。使徒言行録19章９－10節に、パウロが人々に二年間教え続けたので、「アジア州に住む者は皆、ユダヤ人もギリシア人も主の言葉を聞くことになった」とある。このことを耳にする時、エフェソの教会の人々がこの展望を四〇年の間に失ったというのは信じ難いことである。

どうして教会は福音宣教への熱意を失ってしまったのか。すでに指摘したように、このことは徐々に、無意識の内に起こったのである。教会は教会の内側を清くし、誤った教えを封じ込めることに神経を注ぎ、教会の外の世界を見ようとしなかった。彼らはただ危険と問題ばかりを見て、見過ごしてしまった新しい可能性や機会をもはや感じることがなかった。その理由は、教会に第二世代のクリスチャンが加わり、皆が初めの日々の熱意と輝きを経験していたわけではなかったということもあったはずである。放蕩息子の譬えにおける兄のように、彼らは父の家に慣れきってしまい、感謝と驚きを失った。教会の使命を見失ってしまったということ――これが４節の第三の理解だが――、これは第一と第二の理解から切り離すことはできない。神の国への熱意を失うのは、まさにキリストをもはや鮮明に見ることをせず、隣人に対する愛と気遣いを失った時である。これが宣教的に生きていない教会の終着点であると知ることができる。彼らが福音を語らなかったのは、彼らがまさに福音を正確に把握することなく、また他の人々に対して無関心であったからである。

　もし教会が宣教的に生きていないのならば、それを小さな欠点と思ってはならない。主が教会に向けた警告はまさに真剣であり、厳しいものである。もし彼らがその姿勢を変えない（悔い改めない）ならば、「私はあなたのところへ行って、あなたの燭台をその場所から取りのけよう」（５節）と主は言われる。ビールはこの事の重大さを強調して、ヨハネが問題の根深い教会に宛てた手紙を最初と最後に配置したのには意図があったと言う。第二（スミルナ）と第六（フィラデルフィア）の教会はよくやっており、中間にある三つの教会はそこそこであった。彼らはエフェソやラオディキアのような危機的状態ではなかった。

　ピーターソンの注解はこの点を私が認識する助けとなった。彼がエフェソの教会について記した章で、彼は教会のことをよく社会学的、実証的に言及しようとする現在の傾向に反対し、警告を発している。彼は、そのような学問的定義では決して教会が教会たるための核心に迫ることはできない、まず必要なことは、教会を聖書的に、また神学的に説明することだと言う。そこで彼は、キリストの御顔の前に立つ燭台として描かれている１章12－13節で得られることが、教会についての最も鮮明な神学的解説であると言う。キリストはいつも教会と共におられて、教会を励まされる――このことをしっかりと知るべきである。そして、キリストが私たちに求めておられることは多くはなく、ただ燭台のようにこの世界に福音の光を輝かせることである。もし教会とは何か、教会は何をするのかと問うならば、ピーターソンは次のように答える。私たち教会は燭台であり、ここで福音の光を輝かせると。この意味はまた、もしそうしていないなら――私たちの燭台から光が出ていないなら――、私たちは問題だということである。

5　主の助言──どのように再び愛することを学び、福音宣教の熱意を回復するのか

主は、それぞれの手紙で、教会にその誤りを率直に語られただけではない。主はまたどのように誤りを修正することができるのかという父親的助言も与えられる。これは聖化、またピーターソンが言う「是正」のプロセスである。ピーターソンの見解によると、この教会が学ぶべきことは再び愛することであった。

この助言に耳をよく傾けようとするなら、〔２章〕５節にしっかりと目を注ぐべきである。新しいアフリカーンス語訳聖書では「どれほど遠くまで後退してしまったかを考えて、悔い改めて、初めの行いをしなさい」としている。「後退してしまった」と訳されている言葉は、文字通りには高いところから「もとのところに落ちる」という意味である。注解者の一人であるユルゲン・ロロフ（Jürgen Roloff）はここに「堕落の天使」の聖書的比喩がほのめかされていると言う。教会は、自分が大変危険な道を歩んでいると理解しなければならない。助言については、５節から次のことを耳にする。

- 教会はこの四〇年間に彼らに起こったことを振り返り、認識するまで考えるように呼びかけられている。彼らは初めにどこにいたのか、その時何をしていたのかを考える必要がある。初めの頃の熱意を思い起こし、感じて、今は大きな誤りを犯していて、このまま放置し続けることはできないことを理解すべきである。

・「考える」こと、心に刻むことはクリスチャンの誰にとっても、祝福された人生を歩むために殊の外大切なことである。人は時に愚かなこと、大変馬鹿げたことをするものである。それは彼らが相変わらず悪人だからというわけではなく、行っていることを冷静に考えないからである。罪の重大な結末の一つは、私たちの思考を停止させ、制限してしまうことである。それゆえ、新約聖書において悔い改めという意味で用いられている言葉の一つはメタノイアであり、その文字通りの意味は「考えを変える」、また「新しく考えることを学ぶ」なのである。

キリスト教の古い霊的実践に「日々の検証」と呼ばれるものがあり、今また再び多くのクリスチャンたちの間で実践されている。これは幸いなことに、テストや試験をするといったことではなく、日々の終わりに静まる時間を持ち、主と共に一日の歩みを振り返るということである。私たちはその日に起こった大きな出来事について主と語り合うが、過ぎ去った小さな出来事、その時は特に考えられなかったことについても思いを馳せるのである。この意図の一つは、私たちの生活における主の御手を、導きを、聖霊の配慮を見つめることにある。これは私たちが自省し、心に刻むためのよい助けとなる霊的訓練である。

・教会は悔い改めるよう呼びかけられている。多くの人々は悔い改めという言葉に恐れを抱き、その本当の意味を理解していない。悔い改めは一回限りのことであるとか、深い感情の経験が必要不可欠ということではない。それは本来的に変化、また方向転換のことであって、もし生活の中で誤った道を歩んでいると気づいたなら、その時に変えることである。これがいつ起こるのか、またどのように起こるのかは、それが常になされるべきだということと比べればそれほど重要なことではない。通常「悔い改め」と訳されるギリシア語の言葉には、二つの意味がある。一つは「振り返る＝方向転換する」であり、もう一つは「異なる見方をする」（ここで使われている意味）である。通常の順番は、世界を異なる見方で見始め、ある段階で人生の方向転換をするということである。すでに本書の第一部で見たように、ヨハネのこの書物の主眼点の一つは「福音の目」をもって世界を見るよう、信仰者たちを助けることにあった。そこに真の悔い改めが始まるのである。しかし、私たちが神に近づけば近づくほど、人生の意味を理解すればするほど、私たちの悔い改めも日に日により深まり、より包括的になるのである。

• 悔い改めとは、第一義的に私たちが経験したり、感じたりすることではない。ヨハネはそれはなされなければならないことだと言う——「悔い改めて、初めの行いをしなさい」（5節）。彼らが行うべき初めの行いとは何か。ここでは明らかにされていないが、ビールは特に、宣教への関与と初めに顕著であった活動を指していると言う。教会は今、自らの不履行を説明したり弁解したりしているが、ヨハネが言いたいことは、悔い改めはそれほど難しいことではないということである。もし、本当に主のことを考え、人々のことを考えるようになるならば、何かをし始めるはずである。しかし、多くの人々の思考はそうはならない。まずすべてを理解し理論づけをして、まずは納得してから考え始め、そして行い始めようとする。これは多くの人々が学ぶべき方法ではない。まずはすぐに始めること、行って失敗する中で学ぶことが大切なのである。救世軍の創設者であるブース大将（William Booth）は若い頃に、吃音障害があったという話を聞いた。彼は福音を説教する召命を与えられ、何年もの間、もし吃音問題を取り除いてくださるなら、説教を始めることができますと主に祈った。しかし、そうはならなかった。ある日どうやら彼は、主にもう待てませんと言って福音を語り始め、吃音を止められないまま説教をし始めた。もし私たちが心から主を愛し、人々を心から気遣っているならば、他のすべてのことは自ずとうまくいくものである。

6　助言だけではない――聖霊が不可能なことを可能にしてくださる

人々がどうやって変わり、愛することを学ぶようになるのかを理解するためには、足りないことがもう一つある。私たちは確かに悔い改めと言動に関して責任があるが、実際は自分自身の力ではそれができないのである。自分自身で悔い改めたり、自分を引き上げようとする時、誰かが言ったように、多くの場合は罪を抑えること（罪の管理）などできない。人間が自分を変えることができるのは、究極的にはキリストが、ご自分の霊によって変えてくださり、新しくしてくださることによるのである。幸いなことに、２章にはキリストと聖霊の両方のことが記されている！　１節でヨハネはイエスを見、イエスが語られることを耳にする。ヨハネは、イエスが七つの星（教会の指導者たち）を御手に握り、燭台の間を歩いておられるのを見る。教会に語られるのはイエスなのである！　イエスは遠くではなく、近くに、私たちのもとにおられる。私たちはイエスを肉眼で見ることができないし、皆がイエスに耳を傾けるわけでもない。しかし、聖霊が、イエスが私たちに語られることに耳を傾けるように助けてくださるのである。

私たちが変えられるのは、聖霊が私たちを、生ける、恵み深いイエスの臨在の前に出るように助け、イエスの栄光を見、その癒やしと解放の言葉を聴くように助けてくださる時である。私たちはイエスの栄光を仰ぎ見る時、聖霊によって変えられるということを、パウロはコリントの信徒への手紙二3章18節で、次のように言っている。「私たちは皆、顔の覆いを除かれて、主の栄光を鏡に映すように見つつ、栄光から栄光へと、主と同じかたちに変えられていきます。これは主の霊の働きによるのです」。

私たちが主の臨在の前で見ることになるのは、主がやがて〔その実を〕私たちに食べさせてくださる命の木である。命を与える木のことを耳にした時、エフェソのクリスチャンたちはそれをアルテミスの樹木と関係づけ、自身に仕える人々に驚くべき命を約束した母神アルテミスのことを思い浮かべたであろう。しかし、その約束はほとんど実現しなかった。ある人が言うことには、「異教の神が約束したものは、ただキリスト教によって、旧約聖書の希望の実現としてもたらされただけである」。7節で耳にするのは、異教の信者たちが約束したことは、ただキリスト教において、キリストによってのみ実現されるということである。

聖霊が今日、この手紙を通して告げようとしていることを聴くことができるよう、私たちを助けてくださるように。

第九章　スミルナにある教会に宛てた手紙
——苦難と逆境は教会生活の一部分、しかし、恐れる必要はない

1　この都市と教会について分かっていること

スミルナはエフェソからおよそ六〇キロ北にある港町である。エフェソと違い、この町は現在もイズミルという名前で存在している、西トルコにある二つの大きな都市の一つである。この町はもともと現在の場所から数キロほど北にあったが、紀元前一〇〇〇年頃に現在の場所に移された。この町は最初の数世紀間は荒廃していた。というのは、この町は廃墟同然だったからである。最も深刻だったのはおよそ紀元前六〇〇年頃のことで、町はまったくの廃墟であった。紀元前三〇〇年頃、アレクサンドロス大王の手により町は再建された。しかし、もとあった場所に建てられたのではなく、海の近くに移動させられた。計画的な町づくりのため多大な努力がなされ、その結果、スミルナは当初からの計画通りに道路が敷かれた、古代世界では数少ない町の一つとなった。黙示録の時代、町の人口は一〇万人で、エフェソ、ペルガモンと並んでアジア州の三大都市の一つであった。

ギリシアとローマは共に、この町に多大な投資をした。ローマは皇帝ティベリウスの神殿を建設す

るため、一〇以上の都市の中からスミルナを選んだ。町は神殿であふれ、皇帝礼拝も華やいだ。スミルナはローマの忠実な同盟相手で、「アジアで一番」という愛称で呼ばれた。それはキケロがスミルナのことを、アジアの中でローマに最も忠実な都市だと言ったほどであった。

「アジアで一番」という愛称は、ローマ帝国との密接な関係を指すものか、それともアジアで最も美しい町であると言われたからなのかは定かではない。しかし、この町が何か特別な存在であったことは確かである。町はしゃれた街並みに造られ、パゴス山の上に建てられた印象的な建築物は実に玉座のようであった。すばらしい街並みは、遠くからは港に沿った立像のように見えた。

スミルナは裕福な人々が多く、豊かな町であった。文化は華やぎ、良質のワイン、学問教育、そして医薬でも重要な中心地であった。町の出身者の中には、彼らが自慢にした有名なホメロスがいる。この町には当時、多くのユダヤ人が居住していた――このことについては後に言及する。

この町の教会についてはあまり多くのことは分かっていない。ヤン・デュラント〔Jan Du Rand〔元南アフリカ自由州大学新約学教授〕〕は、その教会はエルサレムから戻ったユダヤ人の五旬節巡礼者によってか、おそらくはパウロがエフェソに滞在していた時期に設立されたと言う。しかし、確かなことは何も言えない。数世紀後に〔アンティオキアの〕イグナティオスがこの町に滞在し、四つの手紙をここで書いた。彼は二つの手紙をこの教会に宛てて書いた。その一つがこの教会の有名な主教ポリュカルポスに宛てたものであった。ポリュカルポスの名前が教会史でよく知られているのは、彼が古代教会の最初の殉教者の一人だったからである。

この箇所から分かることは、この教会は町とは対照的に貧しく、またおそらく小さかったことである。彼らは大変な苦難の中にあり、厳しい差別を受け、加えてユダヤ人たちからの激しい抵抗に遭っていたことが明らかである。この教会はこの手紙や黙示録に記されている励ましを本当に必要としていた。

2　ただ勇気と忍耐を称賛された教会

スミルナの教会に宛てた手紙の中には教会の人々についての詳しい情報がない。しかし、そこには彼らの様子を知る助けとなる三つの言葉が用いられている。明らかなことは、彼らには困難が待ち受けていたということである。彼らは押しつぶされ、破壊されるまでに「抑圧を受けていた」ということである（レオン・モリス［Leon Morris］）。この「抑圧」というのは、おそらくクリスチャンたちが宗教的に、文化的に、政治的に排除されていたということである。すべての町々――特にスミルナ――では皇帝崇拝を強要する圧力が大きく、好むと好まざるにかかわらず、彼らは比較的孤立していた。スミルナの人々の並はずれたローマ帝国への忠誠心が、クリスチャンたちをますます圧迫することとなった。

このことがスミルナの教会が貧しかった理由を説明している。政治的、文化的な孤立は通常、経済的排除へとつながる。クリスチャンたちは働き口を得るために苦労した。その理由は、彼らがその時代の職人組合や職業組合の会員になれなかったからである。町の当局者たちがまったく目もくれない中、彼らは盗みや財産を略奪する者たちの標的になった場合もあったであろう。

その教会の人々が戦っていた第三の問題は、実際に大変心痛むものであった。スミルナには相当数のユダヤ人が居住しており、社会にまったく同化していた。ユダヤの国外に住んでいたユダヤ人たちは、ローマと良好な関係を持っていた。皇帝を承認している限り、彼らは社会共同体に受け入れられ、町のあらゆることに関与することができ、自分たちの宗教を放棄したり、地方の神々に仕える義務を課せられたりすることもなかった。クリスチャンたちを悩ませ、問題を引き起こしていたのがユダヤ人であったことは皮肉なことである。その理由は分からない。彼ら自身の身を守るためであったかもしれない。また、ユダヤ人の同胞がキリスト教信仰を受け入れたことによる妬みや復讐心からということもありうる。ヨハネもこの事態に大変失望していた。というのは、彼らは真のユダヤ人ではなく、むしろ、サタン（裏切者）の業の一部であると発言しているからである〔２・９〕。

しかし、これらさまざまの問題にもかかわらず、この教会は努めて自らの信仰を保ち続けた。この教会について否定的なことや批判的なことが一切言われていないのは注目に値する。称賛と評価だけが語られる。教会が貧しいと言われている場合にも、彼らは主の御前で豊かであると、意味深い言葉が付け加えられている。この教会は困難な状況を経験しており、また耐えるべき苦難や侮辱があったにもかかわらず、キリストと福音に忠実であり続けたのである。

このことはまた、次のことを意味する。すなわち、この教会は異国の地、また敵対的な町においてさえ、宣教的証しを放棄することはなかったのである！　教会のこの姿は、私たちの宣教的証しというものの本質がどこにあるかを理解する助けとなる。第一に、多様な活動、大きな建物、人数が多いことを誇っても、それで成功しているわけではないということである。問われているのは、教会がキリストに忠実であるか否かであり、キリストへの信仰告白と証しを放棄していないかということである。ここから耳にすることは、スミルナの住民が明らかにこの教会の人々はクリスチャンであり、自分たちとは異なる神、主に仕えていることを知っていたということである。

3　福音に対する抵抗が、新しい、独自の展望をもたらす

ここまで見てきたことから、スミルナの教会が福音に対する抵抗に遭っていたことは比較的明らかである。推測するに、エフェソの教会、また他の諸教会も抵抗に遭っていたが、ここで初めてそのことを耳にする。この地域は宣教が容易ではなかった。スミルナの人々はローマに深く心酔し、さまざまな神々の祭儀を行い、それに参加しない人々を快く思っていなかったことが分かっている。そこに――これは推測であるが――、この段階ではまだ信仰者たちへの活発な迫害や殉教はなかったが、クリスチャンに対するさまざまな差別があった。そして、それはかなり厳しいものであった。すでに述べたように、スミルナに住むユダヤ人の住民が迫害を扇動したことが、さらにクリスチャンたちの心を悩ませたのである。

〔2章〕10節から、ヨハネは事態が厳しくなりそうで、クリスチャンへの活発な迫害がもう遠くはないと判断したようである。このことは、この時代についての世俗的な歴史著作からの情報と合致する。この手紙では、この先何年も彼らにとって困難な時代が続くとの予告がなされている。彼らは捕らえられ、牢に入れられることさえある。そして、彼らの前途にはただ一つのこと――殉教――があ

ることを意味する。ヨハネは彼らにはっきりと「苦しみを受けるであろう」と言い、さらに続けて「死に至るまで忠実であれ」と呼びかけている〔10節〕。

このことは、後の時代、スミルナの主教ポリュカルポスの殉教が、ヨハネのこの言葉の線上にあったことを納得させるものである。ポリュカルポスが生きたまま火刑にされたのは、彼が自分の信仰を犠牲にしたり、キリストを裏切るような何らのそぶりもまったく見せなかったからである。次のような逸話がある。一人の監督が彼に、少しだけ譲歩をして、皇帝の立像の前に一握りの香を焚くように、またただ皇帝の名前によって宣誓するように説得しようとした。しかし、ポリュカルポスは拒否し、自分の命を献げたということである。

ここであえて少し立ち止まり、この出来事を深く黙想する必要がある。そこではいったい何が起こっていたのか。ここで注意すべきことがある。これは不幸な状況であり、教会にとって悪い時代であって、あえて言うと、主はまさにこの状況の中で少しだけ支配力を失ってしまわれたのではないかと想像してはならないということである。それは、聖書が迫害や苦難を語る箇所から得られる様相ではない。歴史から知るのは、古代のクリスチャンのある人々が殉教の死を受け入れた、そのことがまさに教会を劇的な成長へと導く要因となったということである。「殉教者の血は教会の種である」〔テルトゥリアヌス〕という表現がある。このことは苦難というものをすぐに悪いことだとか不幸なことだと考えたり、言ったりしてはならないということである。新約聖書において耳にすることはそうではない。新約聖書が証言しているのは、福音への抵抗や苦難は意外なことなどではないということである。新約聖書の多くの書物、そしてまさに黙示録は、苦難が私たちの生涯の一部分、一端であると教えている。そして、驚くべきことは、主は教会、つまりご自分の子どもたちが歩みの中で経験する苦難を積極的に用いられるということである。それゆえ、パウロはフィリピの信徒への手紙１章29節で、「あなたがたには、キリストを信じることだけでなく、キリストのために苦しむことも、恵みとして与えられているからです」と書くことができたのである。苦難はあってはならないことではなく、〔黙示録２章〕10節ではっきりと「十日の間、苦しみを受けるであろう」と言われている。この意味は、もちろん文字通りの一〇日ではなく、主が苦難の期間を定められるということである。私たちが知っているのは、主が私たちの力を超えた、耐えられないような試練に遭わせられることはないということである。

またここで見逃してならないのは、ヨハネが迫害や苦難が起こる時には、悪もまたそこに関わっていると言っていることである。９節でヨハネが言うように、ユダヤ人たちは妬みや悪意のためにサタンの集会に属するようになった。10節ではさらに、悪魔が教会を試すために、その中のある人々を牢に投げ込もうとしていることを知らなければならないと言っている。私たちの身に起こることは広い視点で、神とサタンの間のこの世における戦いの一端なのである。

４　苦難も生活の一部分――それもまたクリスチャンの人生である

エフェソにある教会が愛することを学ばなければならなかった一方、スミルナにある教会は苦しむ方法を学んでいた、とピーターソンは記している。苦難は喜ぶべきもの、歓迎すべきものではないように思われる――これは決して誰もが受けたいと思う授業ではない！　しかしながら、もしそれが有意義な、また創造的な苦しみであるなら、それは人生において測り知れない変化をもたらすのである。フラー神学校の心理学教授であったアーチボルド・ハート（Achibald Hart）はある機会に、私に次のように語ったことがある――「（クリスチャン心理学者としての）仕事が私に教えてくれたことは、もし人生の中に苦しみが起こらないならば、その人生が有益で、意味深いことは少ない。だから、苦難についてのどのような話からも逃げ出すことのないようにしよう」。

私たちにとってこの議論が必要なことは、当然のことであり、確かである。もう一人の有名な神学者ダグラス・ジョン・ホール（Douglas John Hall カナダ・モントリオール、マギル大学の神学名誉教授）は七〇歳の時に、多くの西欧人は苦しむということにまったく無能力（an incapacity to suffer）となり、そのために自らの人生を驚くほど難しくしてきていると提言をした。もし私たちが苦しむことができない（また、苦しみたくない）なら、苦難への恐れが人生の中で第一の行動決定要因になるということが容易に起こってしまう。そして人々はもはや彼らの夢やさまざまな理想に向かって生きるのではなく、苦しみや危険のいかなる兆候も避けて生きようとする。彼らの生涯はもはや積極的に行動するのではなく、彼らを恐れさせ、傷つける可能性のあるいかなることからも消極的に逃亡するという生活となる。私は、この種の行動規範は今日の西欧人が不安や憂うつと戦っている原因の一つであると信じる。もし苦難を死ぬほど恐れ、苦しみがまさに人生の一部分とならないことばかりを期待して生きるならば、私たちの人生は悪夢と化してしまう。

クリスチャンはいつも幸せであり、順風満帆、成功するものである――正しく信じてさえいれば、主は常に苦しみや悩みを遠ざけてくれると単純に考えているクリスチャンが大勢いる。そのような確信は聖書的にはまったく根拠がない。信仰は、悩みや苦しみを取り除く方策などではない。信仰の重要な機能は、自分を幸福にするとか自分に満足感を与えることではない。それは暮らし向きを左右するというものではない――このことはクリスチャンにとっても同じである。この地上では、クリスチャンにも嫌なことが起こる。すでに第一部で見たように、ヨハネはこの書物の中央部分で記している災害や悲惨によって、信仰者たちにイスラエルがエジプトにいた時と、荒れ野での四〇年間のことを思い起こさせようとした。私たちはいまだ約束の地ではなく、地上にいる。もし私たちが自分の信仰に非現実的な期待を寄せるならば、生きることを不可能にしてしまう。主は決して、私たちがいかなる危険にも遭わないようにするとは約束されていない。主が約束されたのは、いかなる危険の中でも確かに主が私たちをとらえていてくださり、守ってくださるということである。苦難は喜ばしいものではない――それは喜ぶことを前提とはしていない！　しかし、キリストと共に創造的に苦しむことを学ぶことができる。そして、それが人生を大きく違ったものにするのである。

聖書は私たちが苦難の中で神への信仰を持ち続けることができるように、三つの約束を与えている（第三章参照）。

・私たちは苦難にある時も、神がお許しにならなければ、私たちの身には何も起こらない――髪の毛一本さえも落ちることはない――ことを知る。第三章で論じたように、神は災いや悲惨を造り出されたのではなく、それらをも支配しておられると信じる。このことは、〔2章〕10節で、主が迫害はただ一〇日の間続くと言われたことから分かる。私たちは神の計画をいつでも理解できるわけではないが、私たちの命は神の御手の中にあると知っている。
・さらに知ることができるのは、主は困難な状況にある私たちを独りにしておかれず、いつも、その一瞬一瞬において共にいてくださるということである。これが福音の大きな約束である。これが福音である！　これはまたインマヌエルという名前の意味――神は我らと共にいます――である。もしキリストの愛が届かない場所や空間はどこにもなく、どこにいてもしっかりと私たちをとらえていてくださり、慰めてくださる（ロマ8・37－39）と知っているならば、私はそこに勇敢さと信仰の勇気が生まれると信じる。
・苦難の時に関する聖書の第三のメッセージは、主がそれを私たちの成長のために用いられるということである。これはパウロがローマの信徒への手紙8章28節で、神は愛する者たちのためには万事を共に働かせて益としてくださると語っていることである。ここに最もすばらしい神の愛と力を見る。主はまさにサタンが私たちに侵入するために考え出したことを、私たちの救いと聖化のために、さらには私たちをご自分と深く結びつけるために用いられるのだ。もし、私たちが好奇心を持って――ほんの少し期待を込めて――主はこの地上で何を教えようとしておられるのだろうかと問い始めるならば、苦難はいつも少し耐えやすくなる！

5　キリストと共に苦しむことをどのように学ぶのか
――そして、それを恐れないために

主は、私たちに苦しむことをどのように教えておられるのか。まず第一に、御言葉の約束にしっかりと耳を傾けて、それを私たちの人生において自分のものにしたい。神の約束は、キリストがいつも私たちと共にいてくださり、キリストは私たちを耐えられないような試練に遭わせることはなさらないということである（一コリ10・13）。私たちの人生はただ主の御手の中にある。主が万事を益となるようにしてくださる。これが私たちが依って立つことのできる主の約束である。第二に、悩みの中にある時は、私たちと共におられるキリストの臨在を仰ぎ見、できる限り聖霊の御声によく耳を傾けるということである。主は次のように約束された。暗闇の中でも、死の陰の谷のただ中でも、火や水の中を通って行くように感じる時にも、私が共にいる！　そして、私たちは主がそこにおられることを知っている――たとえすぐには主を見ることができない時であっても。

さらに第三のことがある。〔2章〕10節の最初のところで、教会が恐れてはならないと呼びかけられているのを耳にする！　このことは、一般論として言われているのではない。「受けようとしている苦難を決して恐れてはならない」という言葉は、特に近づきつつある苦難について語っている言葉である。イエスがこの指示をなさるその背後には前述の約束がある。このキリストの約束と臨在が、私たちの人生を違ったものにするのである。このことが、どのような困難にあっても、脅迫的な状況にあったとしても、冷静さを保ち、恐れないでいる助けとなる――その理由は、どなたが共にいてくださるかを私たちは知っているからである！

しかし、この言葉は二つの側面を持つと理解することが重要である。第一に、同情的、包容的な意味である。主が私たちにこのように言われるのは、主は私たちが何に怯えるかを、私たちの弱さと信仰の薄さを知っておられ、また把握しておられるからである。その回数をじっくりと数えたことはないが、聖書の中に何度も何度も記されているのは、苦痛の中にある人々に接する時、主が彼らに語りかけられる最初の言葉が「恐れてはならない」、これである。主は私たちのことをご存じであり、私たちが時にどれほど脆く、すぐに恐れる者であるかを知っておられる。幸いなことに、主は知っていてくださる。カルヴァンは、フィリピの信徒への手紙4章6節の注解で、私たち人間は鉄から造られているのではなく、身の上に起こることに混乱したり、不安になったりするものだと記している。

この言葉（「恐れてはならない」）は同情的であり、包容力を伴うが、それは主が私たちに与えられた指示でもある！　この言葉はただ「いいよ」「それで良い」というものではない。主は私たちのことをすべて知っておられ（2・9）、私たちの恐れをよく理解されるが、主は私たちをそのままにしてはおかれない。そのために、主は私たちに「恐れてはならない」と言われるのである。私たちはこの言葉を真剣に受け止め、そうするように訓練し始めなければならない！　この指示は私たちの学習過程の一部であり、驚くべき助言と知恵を含んでいる。恐れと弱気は危険を遠ざけてくれるが、それを生き方の姿勢とするのは賢いことでも生産的なことでもない。それでは何も得ることができないし、ただ多くのものを失うだけである。

恐れているので決断できないと早合点してはならない。もし、私たちがあることに恐れを抱き、それをただちらちらと見つめることに慣れてしまうなら、この習慣から抜け出すのには少し時間がかかるだろう。しかし、それは不可能なことではない。黙示録の他のところで、衝撃的なことを耳にする。その箇所では主が恐れや憂いをどのように見ておられるかを知る。21章8節で、主は「臆病な者、不信仰な者」のことを語っておられる。恐れは良き友や仲間などではない。主は私たちを臆病さから真剣に助けようとされる。主の言葉に、一日に何度でも耳を傾けるべきである。主が私たちに「恐れてはならない」と言われることに。

6　物事はしばしば見かけとは異なっている

「物事はしばしば見かけとは異なっている」というこの節の見出しは、スミルナにある教会への手紙についてのバーフィンクの注解にある言葉である。その注解はこの手紙で目に付くいくつかの興味深く、意味深い対照的な表現に着目している。第一に〔2章〕9節で、主が私はあなたの貧しさを知っている、しかし、あなたは私にあってすでに豊かなのだ、と言われているところである。この箇所の意図は、貧しさが教会について言われている最後の言葉ではないということであるのははっきりしている。ただの貧しさ以上のものが彼らにあった！　さまざまな観点で、彼らは実にスミルナにいる最も裕福な人々よりも豊かであった。物事はいつもそれを一見したのと同じというわけではない。もっと深く見極めることを学ぶ必要がある。

このことは、真のユダヤ人ではないユダヤ人について語っている箇所、また死と命が対照的に語られている箇所にも見られる。このことは滅んで再建された町についても当てはまるが、もっと大きなことに、死なれたが生き返られたイエスに当てはまる。8節で、イエスについて「最初の者であり、最後の者である」と対照的に語られていることもそうである。これはスミルナの町が「アジアで一番」として有名でありたいという幻想を抱いていたことと対比して語られていることも明らかである。教会が慰められ、思い起こすのはスミルナの町ではなく、まさに最初の方であるイエスだということである。その方は最初の方であるだけでなく、最後の方でもあり、終わりまでおられるその方である。「私たちは驚異的な世界、まばゆく輝く世界に生きている。多くのものがそう見える。しかし、もし底辺からそれを見ることができたなら、それは見かけから想像した姿とはまったく違って見える」(Bavinck, 49)。この発言は、マリーナが言っていることと符合する。つまり、ヨハネが黙示録の中で激しく格闘したのは、教会に欺きと見せかけ（虚勢）を警告するためであった。これは特にスミルナに当てはまる。この町の虚偽と傲慢さを見よ、ユダヤ人たちの悪意と嘘、「裏切り者」を意味するサタン、嘘の元締めである悪魔のことを考えてみよ、と。

私たちは物事をより深く見ることを学ばなければならない！　物事は必ずしもこの世界の諸力が信じさせようとするようなものではない。これが、この書物の重要なテーマである。このメッセージを確信をもって書く前に、ヨハネは天に引き上げられ、いわば上から、神の視点から新しく現実（真実）を見たのである。そして、キリスト教信仰の深い洞察はそのように働くのであり、ヨハネがすでに見たように、私たちが正しく物事を行う前にはいつもまずイエスに目を向け、新たにその偉大さと愛を見て、感謝しなければならない。そうして私たちはイエスを通して、いわばその眼鏡を通して人生を、また他の課題を見つめる時、それらを正しい視点から見ることができる。もし人が最初に怖気づき、恐れてしまったら、あなたの目は簡単にあなたを騙してしまうだろう。私たちの多くはこのことについて一つや二つの話をすることができる。人は存在していないものを見ることがある。予期せず襲いかかる怪物は、しかし実際には子犬なのである。もし恐れるなら、すべてが危険で、悪く、大きく、より脅威に思われるものである。

パウロはコロサイ――この町もアジア州にある――の教会に宛てた手紙の中で、これと同じことを教会に思い起こさせている。「あなたがたはキリストと共に復活させられたのですから、上にあるものを求めなさい。そこでは、キリストが神の右の座に着いておられます。上にあるものを思いなさい。……あなたがたはすでに死んで、あなたがたの命は、キリストと共に神の内に隠されているからです」（コロ3・1－3）。もし、私たちの命もすでに神のもとにあるならば、現実を異なる目で見るように学ばなければならない。そうすれば、いつも通常の地上的な見方で物事を考えたり、神も天の国もないかのように物事を見ることはなくなる。私たちはもはや古い自分ではない。神によって新しくされた人間として生きているのである（コロ3・10）。それで、私たちはもう一つの、神の目で人生を見るのである。

私たちが人生を神の視点から見ようとし、物事をそのあるがままに見ようとする時には、まず改めてキリストがどなたで、何がおできになるかを思い起こさなければならない。ここでヨハネが教会に思い起こさせようとすることは、イエスが最初の方であり、最後の方であるということである。スミルナの町とその人々が本当にアジアで一番なのではない。アジアはスミルナの人々やローマに属しているのではない。すべては神に属しているのである。それは、神とイエスこそが本当に「最初の方」だからである。そして、すべてを始められた神、私たちを創造された神、その方は、またすべてを終わらせる方でもあられる。その方が日々私たちと共にいてくださり、これからも共にいてくださる神なのである。

イエスは最初の方であり、最後の方であるが、それ以上の方でもあられる。その方は生きておられる。その方は死なれたが生き返られた。それゆえに、もはや死も私たちの歩みの終わりではないという意味を知っている。イエスが死んだ後に復活されたので、私たちもまた死から復活することを知っている。私たちはイエスを信じ、その御名を告白し掲げているので、復活のない恐ろしい第二の死が私たちを襲うことなどはない（２・11）。ライトは、次のように述べている――神はイエスになさったすべてのことを、イエスの兄弟姉妹である私たちにもしてくださると、神ご自身が約束された。

第一〇章　ペルガモンにある教会に宛てた手紙
――抑圧が厳しくなる中で、どのように福音の真理に信頼するのか

1　この都市と教会について分かっていること

ペルガモン――今日のベルガマ――はスミルナのおよそ七〇キロ北にある。この町は海沿いではなく、カイコス川河畔、およそ二五キロ内陸にある。この町は海沿いではないために、例えばエフェソのような活発な商業都市ではなかった。しかし、ペルガモンは他の理由から大変重要な町であった。黙示録が書かれた時代、この町はアジア州の行政上の首都であり、強力な政治力と影響力があった。この地域の総督がここに常駐し、強大な権力を握っていた。この町が古代世界において剣の町として知られる理由の一つはここにあった。

ペルガモンは、アレクサンドロス大王がこの町に軍事要塞を築いた時から、実際に地図に載るようになった。その理由は、この町が高い丘に建設されていたからである。この町は紀元前一九〇年にローマ帝国が支配するようになるまでさまざまな支配者の手に渡り、紀元前一三三年にこの州の首都と

宣言された。この町の政治的重要性はここで皇帝祭儀が持たれていたという優位性により強められた。私たちは議論の余地なく、この町がアジア州の皇帝崇拝の中心地であったと言うことができる。最初の皇帝のための神殿はアウグストゥスに捧げられたもので、すでに紀元前二九年に建設されている。その後、第二、第三の神殿が次々と建築された。

しかし、ペルガモンでは皇帝だけが崇拝されたのではない。ペルガモンはアジア州である意味、重要な宗教的中心地であった。数多くの他の神々の神殿があり、その多くは町の裏側の丘にあった。四つの大きな神殿は、ゼウス、アテナ、ディオニュソス、アスクレピオスのためのものであった。ヨハネが言及するこの町にあるサタンの王座とは、これらの神殿の一つか、またはこれらすべてを指していると思われる。ゼウスのために建てられた大祭壇の一部は、現在ベルリンの有名なペルガモン博物館に復元されて展示されている。ペルガモンではある特異な方法で皇帝崇拝と異教の神々崇拝とが緊張もなく共存し、互いに混合していた。

さらにペルガモンは、当時世界一の規模のエジプトのアレクサンドリア図書館に次いで巨大な図書館を誇っていた。それは二〇万の巻物を所有しており、羊皮紙（parchment）という言葉の語源はペルガモンに由来する。この町はまた医学の中心地でもあった。そのため、世界中から人々が治療を求めてこの町を訪れた。

一つ一つの都市が当時のローマの人生哲学や理念を映し出していたが、ペルガモンはおそらく中でも最も顕著な町であった。ここでは政治、宗教、医療、学問が手を携えて、圧倒的な「繁栄」のメッセージを告げていた。また付け加えるならば、彼らはクリスチャンのように、自分たちのメッセージに対抗する者を嫌った。

ペルガモンの教会については残念ながら、この手紙で耳にすること以外には分かっていない。彼らが国家や周囲の文化の大変な抑圧のもとに生きたことは分かっているが、それは七つの諸教会のほとんどが同じであった。しかし、まだそれほど酷い迫害はなかった。主は、ご自分と福音への彼らの献身と忠誠を褒められたが、教会の中のあるグループの人々は町の有力者たちにおもねり、ヨハネの見解によると、教会は自らの問題に十分に対処してはいなかった。ヨハネはそのグループがもたらしていた問題点に驚くほど注目している。その理由は後に見ることにする。

2　激しい抑圧の中でも――人々への宣教的証しに忠実な教会

これらすべてのことは、ペルガモンの教会のクリスチャンへの抑圧が非常に大きかったことを示している。ペルガモンでは、ほとんど執拗なまでにローマの生活様式がローマの平和と相まって救済宗教のように勝ち誇っており、その圧倒的文化が町を動かしていた。皇帝祭儀が町のあらゆる神殿や神々、医療サービス、そしてその時代の出版界と学術界を、あたかも「軍隊」のように、敵対者には容赦しないという強力な理念で束ねていた。

すでに述べたように、最近の研究によると、黙示録が書かれた時期に信仰者たちへの迫害は迫ってはいたが、まだ本格的に始まってはいなかった。ペルガモンはその時期すでに、信仰者たちへの身体的な迫害がまさに開始されていたと思われる場所の一つである。ここで、ヨハネは証しのために命を落とした一人の教会員、アンティパスに言及している。これは黙示録の中で信仰のために命を失ったクリスチャンのことを耳にする唯一の箇所である。

ヨハネは、アンティパスの死と彼らが遭遇していた敵対心はより大きな戦い、すなわち、神と悪の戦いの一端であることを、教会に思い起こさせる必要があると考えた。ここで彼は二度サタンに言及している。ペルガモンはサタンが住み、その王座がある場所である。それはサタンがこの町で認められ、崇められ、したいようにすることが容認されていたことを意味する。

このことが告げているのは、この教会があらゆる敵対心や迫害にさらされる中でも立ち続け、自らの証しを続けるよう忍耐したということである。彼らはキリストの御名に忠実であり続け、決して信仰を放棄しなかったと褒められている。ここに、キリストの御名が言及されていることをはっきりと聴く必要がある。ここでの戦いは、第一に、倫理的また哲学的立場に対するものではない。ある事柄に関する立場に対するものでもない。問われていたのは、キリストの御名のもとに生きるかそれとも皇帝の名のもとに生きるかということである。皇帝を救い主（「ギリシア語で」「キュリオス」）とするのか、それとも、ただイエス・キリストのみを主（「キュリオス」）、世界の真の救い主と信じて告白するのかである。これはまさにタルバートが、黙示録は第一戒への忠実について語っている最後の実例である、と述べた通りである。

3　教会における大きな問い——どこまで町の活動に参加できるのか

ペルガモンのクリスチャンたちが自らの信仰に立って、率直に偶像崇拝や皇帝崇拝を控えたことが明らかである一方で、教会はこの町の市民としての活動がどこまで許されるのかという問いに直面していた。クリスチャンたちが町から完全に身を引いて日常生活をすることは不可能であった。彼らはまさに、自分たちの証しを世界の町々に出かけて行って伝えるよう遣わされている。町の中で生活をしていないならば、個人的に証しをすることは不可能である。この問いにどこで線を引くのか、彼らは町の中で暮らしつつ町に染まらないという狭間に生きていたのである。

このような問いが、時には良くない動機からなされることもあるのは確かだが、ここペルガモンにおいては実直で、真摯な動機からの問いであったことは疑う理由がない。これは確かに頭を悩ませる難しい問いであり、どちらの側からも良い議論をすることができる。少しこの問いに密着し、そのことを考えることにしたい。というのは、この問いは2－3章の諸教会にとって大きな課題であったからである。

宣教的な教会にとっての出発点は、自分たちがこの世界における偉大な神の宣教（missio Dei）の担い手であるという事実である。教会の存在目的は、福音をすべての人々に、世界のすべての国民に告げ知らせることにある。旧約の時代には神の民が世界に出て行くことは求められておらず、すべての人々、すべての国民と民族がエルサレムにやって来て、神の民とはどのようなものか、どのように生きているかを見るということにメッセージがあった。新約聖書においては神の計画は変わり、教会が備えられ、整えられ、教会は世界の中に入って行き、人々に福音をもたらすよう命じられた。彼らはこのメッセージを人々に告げるためにエルサレムを、そしてイスラエルを離れて行った――使徒言行録で耳にするのはこの物語である。新約聖書でそうであるように、教会はイエスご自身の例に倣う。イエスが神の右にあるご自分の住まい（そして身分）を離れ、私たちを捜し求められたように、私たちを他の人々のところへと遣わされる。イエスが私たちのもとに来て住まれ、私たちの人生に寄り添うために自ら人間となられたように、私たちも他の人々の人生に寄り添い、人々に肌身で触れなければならない。これが、およそ宣教的な教会の持つべき理念である。宣教は遠くから行うものではない。イエスは天からメッセージを私たちに叫んだのではない。イエスは私たちのもとに来られた。それゆえ、人々と接触せず、家に行かず、生活を分かち合うことをしないならば、人々に福音を告げ知らせることは実際には難しいだろう。

私がこれまで描いてきた宣教の姿から、ペルガモンの教会の議論がどの視点からなされているかを理解できると思う。その地のクリスチャンたちは、彼らが社会の中のあらゆることに参加できるわけではないということを知っていた――それははっきりとしている。しかし、彼らはまたただ自分の家の中に閉じこもって、町の人々や諸行事からまったく遠ざかることもできないことを知っていた。彼らは人々と接触すべきであり、町に入り込んで諸活動に参加すべきであった。しかし、どこで線を引けばよいのか。

事柄を難しくするのは、たとえ自分が一線を引こうと思ったとしても、社会や共同体がそれを許すとは限らないという現実があることである。クリスチャンには自分たちが安心してできるところまで一緒にして、次の瞬間それをやめるという自由がない。ここでやめると叫んで、それ以上活動に参加しないとなると、人々は奇妙な目で見、大きな問題を自ら引き寄せることになってしまう。例えば、国家のことに関して言えば、クリスチャンは税金や政府の支配権を認めることは問題ない。彼らは皇帝を政府の代表として認める。しかし、皇帝を礼拝したり、崇めたりなどはしない。クリスチャンは町の祭りや他の行事に参加するが、神々が呼び出され、それらを賛美させられることには抵抗する。しかし、祭りのある部分でその時が来たら席を外すということはできないので、人々はクリスチャンとして自分は誰なのか、何を本当に信じているのか、しかし平和のため、証しのためにそれは良いことなのか、少しは危険な活動に参加してもよいのではないかと議論を始めたのである。その神が存在するなどと本当は信じていないのに、あたかも神のように崇拝するとしたら、それは大きな醜態をさらすことになる。

おそらくニコライ派がそのようなグループの人々で、町に順応するよう訴えていたようである。私たちの持つ知識によると、彼らはどうやら心がそれに染まってしまわない限り、クリスチャンたちも異教的行為に参加できると考えるグループで、ギリシアの思想に準じて肉体と魂を鋭く区別した人々だったと思われる。魂を清く保っている限り、肉体は汚れた行為に参加できる――この種の神学を聖書は知らない。肉体も清く、神に属している。肉体と魂とは互いに密接に結びついている。肉体と魂という二つの異なる道を区別して歩もうとすることはできないし、また、そうであってはならない。

今日、かつて偶像に献げられた肉について教会内での論争があったということを振り返ると、それは特異なことで、現実の問題ではないかのように感じてしまう。しかしながら、もし私たちは幸いなことにその種の選択をする必要がないと考えるなら、それは誤っている。このことについて思うに、私たちは他の形において同種の選択を迫られているが、そのことを見ようとしないだけなのである。

4　真理を語らないなら、親切の価値はない

大変興味深いことに、ヨハネは譲歩しすぎ、妥協を容認する人々に対して警告した人々の側に強く立ってこの議論をしている。この問題についてのヨハネ自身の立場は、実はこの通り厳しい。彼は、主はそのグループの主張をまったく容認なさらないと言う。主はそのような人々をバラムの教えを奉ずる者だと呼ばれる。このバラムの教えとは、民数記22－24章が記している一連の出来事に見られるものである。本質的に、その物語は、バラムがエドムの王であるバラクにどうすればイスラエルの人々に勝つことができるか助言することから始まる。彼の助言は最終的に、バラクはただエドムの女性たちをイスラエルの人々の自由にさせさえすればよいというものであった。男たちはその誘惑に抵抗することが難しく、それほど深刻な誤りを犯すわけではないと思うようになった。しかし、その間、二つの民族は自ずと混じり合い、イスラエルは――一本の槍も投じられることなく――独自の性格を失うことになった。

ヨハネが恐れたのは、ペルガモンのクリスチャンたちが同じような道を歩み、容易に異教の祭りに参加し、偶像に献げられた肉を一緒に食べるようになることであった。まず一方で、クリスチャンは偶像を信じてはおらず、確かに偶像の神は実際に存在しないと考える。そこで偶像に献げられた肉を食べても何ら害を及ぼすものではないと言い訳をした。他方で、ヨハネは信仰者たちのその立ち位置が他の不道徳へと誘い、その結末がどうなるかよく考えなくなることを心配しているのである。それ

で、熟慮して、注意すべきであると忠告するのである。

この危険性は、人が妥協や譲歩の道を歩むと、自分を見失ってしまうということにある。祭りや宴会、新しい友人、豪華な食事が楽しくなり、後には自分がどうしてここにいるのかを忘れてしまうようになる！〔2章〕14節にある二つの表現は、ここにより大きな問題があるのを見る助けとなる。ここで大部分を占める直接的問題は、偶像に献げられた物を食べること――それを食べることができるのか否か――であった。しかし、主にとっては第二の、より深刻な事態がある。バラムとバラクの例を挙げて主が言っておられることは、この妥協が民の背教の始まりとなる可能性を秘めているという懸念である。彼らは同じような経緯で固有の性質を失ってしまうのではないか。この危険性は、最初は良い意図で始まった妥協（協調）が、多くの人々にイエス・キリスト固有の福音への信仰を失わせることにつながるところにある。このことが、主がこの問題についてこれほど真剣であられた理由である。これはただ偶像に献げた物や祭りに限った問題ではなく、真理――福音の真理――に関わることなのである。

幾人かの注解者は、ペルガモンの教会はある意味で、エフェソの教会とは正反対の状況にあったと指摘する。エフェソの教会は大変厳格に真理に立って行動していたが、彼らは人々を気遣い、愛することに目を向ける点で欠けていた。ここペルガモンの教会はより人々に目を向け、親切で、包容力があり、考えの異なる人々を受け容れようとしたが、その過程で真理が徐々にあいまいにされていった。ペルガモンの教会が直面していた問題は、愛ではなく――それは十分にあった――、真理に関わるものだったのである。後になって自分が誰であり、何を本当に信じているのかもはや分からないというのでは、親切であり包容力があっても意味がない。ペルガモンの教会の戦いは、福音の真理と教会のキリスト教的アイデンティティに関わるものだったのである。

5　今日のペルガモンはどのようなものか

これまで他の手紙の場合、一節を設けてその手紙と私たちの時代との関連性を探ることはなかった。その理由は、その関連性はある意味で自明だと考えたからである。ここではそれから逸脱して、特に私たちの今日の状況に対して問いかけをする。その理由は、多くの人々はペルガモンの状況と私たち自身の状況との間に明白なつながりがあることに気づかないと思うからである。

ペルガモンの教会が当時のローマの支配者たちに対して従順で肯定的であり、〔ローマを〕称賛するよう圧力を受けていたことと、何十年もの間ナショナリズム（民族主義）が〔現代の〕教会を巻き込んできた危険性とを比較することができると思う。他のどの罪よりも、教会は何世紀もの間、ナショナリズムの背後にある集団的自己中心主義に驚くほど無自覚であった。それは教会がそのような状況（エゴイズム）の中にいながら、これは自分のことではなく、他の人々のことだと簡単にうそぶいていたことから確かである。私たちは（ただ）自分と同じような人々、自分と同じように考え、話し、また信じる人々を愛し、これを隣人愛――まさにイエスが私たちに求めておられること――だと考えている。世界中の人々はナショナリズムの危険性と自己中心性という盲点を持っている。このことは第二次世界大戦中のドイツで見られたし、ヨーロッパの数多くの戦争にも見られる。教会の前に国旗を掲げ、国歌を高らかに歌うアメリカでもしばしば見られるし、最後にそれは私自身の、アフリカーナー（南アフリカの主にオランダ系を中心とする白人）の心痛む過去の歴史にも見られる。

この問題は今日、二つの形態において現れていると私は思う。世界中にナショナリズムの復興が見られるが、その中で最も顕著な例がアメリカ合衆国である。ゴーマンによる黙示録の優れた注解書は、アメリカ合衆国で興隆しているナショナリズムを最大の危険として、アメリカ国民に警告している。

しかし、第二の問題がある。それは誤って政治権力と政治家をまったく過大評価するために、福音を放棄することに至るものである。ジェームズ・ダビソン・ハンター（James Davison Hunter）のすばらしい書物『世界を変えるために』（To Change the World: The Irony, Tragedy, and Possibility of Christianity in the Late Modern World, 2010）は、このことに私の目を改めて開いてくれた。そこで彼が記しているのは、アメリカ合衆国の教会の人々はイエス・キリストの福音への信頼を全面的に失ってしまったということである。人々は（この本のタイトルのように）世界を変えたいと望んではいるが、教会がこのことができるとはもはや信じていない。しかし、彼らは、政治家には大変な権力があり、正しい政治家は世界を変えることができると判断している（完全に間違っているが）。そのために、多くの教派はワシントンに大きな事務所を構えて、自分たちを支援してくれるよう政治家に影響力を行使する多くの代理人（ロビースト）を雇っている。この過程で多くの資金と時間が費される。ハンターは、このことはまったく意味がないと言う。教会が政治家の真の力と影響力を（その意図については問うことなく）まったく過大評価しているからである。このことに関する最も面白い冗談は、キリスト教会の三つの大きなグループにおいては政治家に陳情する事柄がそれぞれ違っているので、それぞれ別々の政治家を支援しているというものである！

私がこの話をするのは、ハンター〔の書物〕がペルガモンの根本的な問題の解決は、第一に政治家がどうするかによるのではないことを理解する助けとなったからである。その根本問題は、自身のメッセージを失ってしまった教会にあった。もし私たちが福音は、キリストは、聖霊は本当に自分たちの考えるようにできるのかと疑い始めるなら、右往左往し始めて、質の悪い誤りを犯し、間違った友人や仲間を追い求めることになる。もしペルガモンの問題とは偶像に献げられた肉という〔単なる〕「興味深い」問題であったと考えるならば、私たちは大きな間違いをすることになる。実際は、それ以上のことがあったのである！　それは、私たちがどれほど強くキリストを、福音の真理をその通り信じて生きているか、どれほど私たちが自分の救いと将来について、ただ主だけに信頼し、耐え忍んでいるのかという問いである。

多くの注解者たちは、ペルガモンの教会の問題は真理に関する問題であったと言う。一方で、特に妥協を訴えたグループも含め、教会の皆がやはり福音の真理を信じていたのではないかという疑問があり、他方で、あるクリスチャンたちは徐々にペルガモンの政治家が掲げる理念的「真理」に魅せられていったのではないかという疑問がある。ローマ帝国の真理――ローマ帝国が達成し、また約束したもの――は、ローマの平和による安心と豊かな生活であった。このすべてはより確かなもの、魅力的なものに見えた。それは真実ではなく見せかけであったが、欺き、偽りだと信じることは容易ではなかった。

私たちも再びそのような時代に生きている。より良いものとして提供される魅力的な生き方や考え方がある。政治システムが一つの要因であるが、経済と企業の論理がより大きな役割を果たし、さらには市場原理が私たちの時代の支配的倫理として当然のごとく受け入れられている。新しい知識と科学も私たちの時代に圧倒的に大きな影響力を及ぼしている。それはそれでよい。多くのクリスチャンたちも長い間科学がしてきた貢献を肯定的に評価している。しかし、科学者たちが自分たちも信仰の事柄や真理一般について最終的な結論を与えることができると思い始めるなら、私たちは彼らと知的な方法で対話することを提案しなければならない。これが、真理について真剣に取り組むという意味である。

6　ペルガモンの教会は真理を語り、真理に生き、そして特に真理に信頼することを学ぶ必要があった

他のほとんどの教会と同様に、ペルガモンの教会も悔い改めるように呼びかけられている。彼らの問題はラオディキアやエフェソの教会よりも大きくはなかったが、彼らの証しはニコライ派やバラムのグループの思想や働きかけの結果、損害を被ることになった。彼らが自分たちの宣教的証しに真剣に取り組もうとするならば、この問題に取り組まなければならない。そこでの悔い改めへの呼びかけは、生活を変えるという広義の、一般的なものではなかった。それは、彼らが真理についてどう考えるのかということに特化していた。偶像に献げられた肉や、異教の祭りや儀式にどこまで関わることができるかという問いは、二次的な問題であった。より本質的な問いは、真理そのものに関わる問い

だったのである。

この教会が学ぶべきことは、真理を語り、真理に基づいて生きること、特に真理に心から信頼することであった。そのためにどうすればよいのか。どのように真理を学べばよいのか。心に刻むべきいくつかのことがある。

・この教会は、おそらく当初は、福音の真理を本当に信頼できる神の力として学んだに違いない。問題は、彼らがそのことを疑い始めたことにあったようである。外部の力が大変堂々として魅力的に見える時、ちょうどここペルガモンのように、私たちが「弱く見える」福音を疑い始めるということが起こりうる。これもまた、ヨハネが黙示録全体で神とキリストの力と威厳をあれほど強調している理由である（第四章、第五章を参照）。そして、これはまたキリストがこの手紙で剣を持つ方（2・12）として描かれる理由でもある。この方は単に力あるペルガモンの支配者であられるだけではない。私たちが正しく見るなら――正しく見るように悔い改めをし始めるなら――、神の力はもっと大きなものであることを見るようになる。福音の真理に信頼できるようになる。それゆえ、真理と愛とは決して互いに対立するものではない。イエスは真理であり、愛の神である！　真理は私たちが歩む道であるが、私たちが真理を行う方法は愛することだと言うこともできるだろう。ペルガモンの教会のあるグループの人々にヨハネが言おうとしたことは、もし私たちが間違った道を歩むならば、親切や優しさは助けにならないということである。

・第二に、キリスト教の真理とは第一義的に、多くの教理や倫理的な立場にではなく、イエス・キリストにあるということを理解するよう助けることである。主が道であり、真理であり、命である

（ヨハ14・6）。私たちはイエスを信じるゆえに、教理を形成し倫理的立場を持つ。しかし、その焦点は常にキリストにあるのである。

•クリスチャンが今日真理を語る方法は、確信と謙遜を真に融合したものであるべきである。私はクリスチャンが今日真理に確信をなくし、公の場でほとんどそのことを大胆に話さなくなり、それが良い、また真摯な生き方であると勧めなくなっているのではないかと不安に思う時がある。その一方で、その〔確信の〕中でも謙遜を失ってはならない。ここで知っておくべき基本的な原則は、私たちが自分の真理や、真理についての自分の理解を押しつけないことである。私たちが証しするのは、真理であるイエスその方である。

•もし私たちが真理はイエスにあると言うのであれば、取り上げるべき聖書箇所がある。イエスが戦われる武器は、それにより人々を傷つけたり殺したりするようなものではなく、ご自分の口から来る（2・16、1・16も）。イエスはご自分の言葉を通して私たちのところに来られ、私たちに語りかけて「戦われる」。もし私たちが福音に信頼し、イエスに信頼するなら、その言葉が――行いが――最強の武器である。

•ユダヤ人は、真理とは単に語ることだけではなく行うこと、同時により重要なのは私たちの存在そのものだと信じた。聖霊の偉大な御業は――カルヴァンが言うように――私たちをキリストに結びつけ、キリストに似たものとし、行動するようにさせる（『キリスト教綱要』Ⅲ・1）。これが、この手紙で悔い改めということによって意図されている最も深いことである。私たちはご自分の栄光と力と愛のうちにおられるイエスを再び見ることができるように、よりいっそうイエスと深く結ばれるように、さらに日々イエスご自身と同じ姿に変えられるように聖霊に願う必要がある。これが、イエスが「真理はあなたがたを自由にする」（ヨハ８・32）と語られた主旨である。

さらに、私たちが学ぶ必要があることを助けるもう一つの視点がある。バラムのグループとニコライ派がそのような〔妥協的な〕選択をするよう迫ったのは、そうすることでうまくいくと考えたからである。彼らは自分たちが賢く、それが教会を救う良い方策であると考えたが、ヨハネはそうは考えなかった。そのことを、この二つの集団の名前の文字通りの意味が微妙な仕方で伝えているとする注解者たちがいる。ニコライ派とは文字通りには「人々を勝ち得るために」、バラムとはユダヤ教のラビ的には「人々を食いものにする人」という意味である。これらのグループについてヨハネが言いたいのは、あなたたちは人の目をごまかし、最終的に人々を食いものにして滅ぼそうとしているということである。彼らの計画はうまくいかない、それではだめなのだということである。

7　この教会への約束

手紙の最後に、この教会へのいくつかの特徴ある約束がなされている。それらの約束は彼らがこの時点で必要とした慰めと励ましを伴っている。

第一に、主は彼らが忍耐するなら、隠されているマナを与えようと言われたことである。このマナの言及は、自ずと彼らに、主がかつて荒れ野でご自分の民を保護されたことを思い起こさせるものであった。民が空腹になり先行きに不安を覚えた時、主は驚くべき方法で日々彼らに食べ物を与えられた。信仰者たちが自らの先行きに不安や恐れを抱く中で、主は近づかれ、私があなたがたと共にいる、あなたがたのことをことごとく知っている、あなたがたを守ると語られる――今も、そして永遠に。

第二の約束は、主が彼らに白い小石を与えてくださるというものであった。この小石が具体的に何を指すのかについては意見の一致がない。ある注解者はこれを贖いと赦しのしるしだと考え、他の注解者はこれは人々の衣にボタンのように縫いつけられたもので、隠された力のしるしだと考える。しかし、大多数の注解者たちはこの白い小石とは入場券のようなものだと考えており、それは理に適っている。その理由は、教会員たちの生活に重くのしかかっていたものは、彼らが信仰のゆえに町の活動の多くから締め出されているという現実だったからである。この白い小石の約束は、その締め出しに制限を設けるものである。

白い小石の上に新しい名前があったということがいったい何を意味するのか、断定することはできない。大多数の注解者たちは、新しい名前とは信仰者たちのアイデンティティを示すキリストの御名であるとする。モリスは新しい名前とはおそらく、信仰者たちがキリストにおいて受けた新しいアイデンティティを指すのではないかと考えている。これは彼らがキリストに属する者として、新しい、もう一つの世界に生きていることを覚えるよう助けるものであった。

将来や先行きへの不安というものは、諸教会の歩みの中でまさに現実にあったと私は思う。その中で次のことを覚えたい――主は彼らの置かれた状況を知っておられ、それを理解してくださる。しかし、主はまた私たちが怯えて生きることがないように助けてくださる。私たちは真理について、そして私たちが信頼できる真理の力についての力強い約束を得ている。また最高のこと――イエスと聖霊が私たちと共にいてくださるということ――を知らされている。そのイエスが「恐れてはならない」と繰り返し語られ、聖霊が私たちの人生から恐れを追い出そうとしておられるのである。

第一一章　ティアティラにある教会に宛てた手紙
――金銭と物質の魅力について、際限ない欲望が人生を滅ぼす

1　この都市と教会について分かっていること

他の多くの町とは対照的に、この手紙の宛先であるティアティラは小さく、アジア州でもあまり名前の知られていない町であった。この町はペルガモンの六〇キロ南東にあった。この町の存在意義の大部分は、州都ペルガモンを政治的また軍事的に防衛することにあり、より大きく政治的に重要な町ペルガモンに対する他からの攻撃を防御する、いわゆる前哨基地であった。この町はアキサルという名前で現在も存在している。

しかし、ティアティラは時代の歩みと共に繁栄し、特に、製造業と小規模な工業で栄えた重要な商業の町となった。例えば、パウロとフィリピの町で出会い、人々をキリストへの信仰に至るよう支援したリディアもこのティアティラの町の出身者である。この町にはほぼあらゆる業種の職業があり、織物職人、革職人から鋳物師、陶工、奴隷商人までいた。このことは職業組合がこの町で大きな役割

を果たしていたことを意味する。ティアティラにおける実権は、政治家や宗教指導者の手ではなく、職業組合や商人の手にあった。ティアティラの経済は商業と金融でまわっていた。そのため、彼らのルールに従って行動する心構えがあるなら順調な生活が可能であった。そうでなければ、商業活動から締め出され、経済的に破綻を招くことになった。

ティアティラにある教会について分かっていることは、残念ながら多くはない。それでも、手紙から得られる情報によって少し様子を描くことができる。ヨハネはこの教会について実に肯定的な、高い評価をしている。この教会は、熱心に活動する良い教会であったようである。信仰者たちへの政治権力による迫害はなかったようである。その町には大きなユダヤ人居住地があったが、彼らとの間に緊張関係や問題があったということは耳にしない。教会を大いに悩ませたのは、職業組合からの圧力にどう対処するかということであった。彼らは容易に職業組合に加入することができたが、そうすれば、町の人々の風習や祭りに加わらなければならなかった。問題は、祭りのあるものが大変強い異教性のある宗教儀式や行為を伴っていたことである。この教会についての報告は圧倒的に良いものであるが、祭りに参加するか否かの問題が教会内に大きな緊張を生み出していた。ヨハネがこの手紙で取り扱っているのはほとんどこのことである。

この教会の諸問題に入ると、第一に、ペルガモン教会と同じような問題があったと思われる。イゼベルの周りに集まる人々は多かれ少なかれ、ニコライ派やバラムのグループと同様の見解を主張していた。この章の後の方で、このことについてもっと論じることにする。ところが、最初から目につく重大な違いがある。ペルガモンにおいては特に政治的また宗教的権力（皇帝崇拝）によって扇動された意識的な攻撃が、教会の外部からなされていた。他方で、ティアティラでは経済的な、また就職の問題――順調な生活や富への誘惑――があり、もし〔町の活動に〕参加しないなら、どのようにして生き残れるのかということが問題であった。金銭が人生を左右する要だったのである。ドーソンとピーターソンの両者は、ペルガモンの深刻な問題は真理とキリスト教的アイデンティティに関するものであったが、ティアティラの場合は身につけるべき生活の清さ〔聖性〕に関するものであったと言う。

2　良いことに励んでいた教会

〔2章〕19節から、この教会の人々は実によくやっていたと結論づけることができる。主はこの教会のことをことごとく知っておられて、福音に対する彼らの勤勉さと熱意を褒めておられる。手紙では四つの特別な言葉が用いられている。主はまず、彼らの愛を褒めておられる――これは私たちの信仰の核心であり、エフェソの教会ではこのことが問題であった。彼らはまたその信仰を褒められている――黙示録において忠実さは、通常、キリストへの変わらない信頼と結びついている。彼らの奉仕の技量についても触れられている。彼らはただ言葉だけではなく行動し、その奉仕は献身的かつ有益なものであった。最後に、彼らの忍耐が挙げられている。その意味は忠実に近いものであるが、黙示録の文脈では大変高く評価されるべき美徳また特性を指している。この言葉〔忍耐〕は、それぞれの手紙の最後のところで、主が勝利を得る者にはご自分の約束を果たされると言っておられることとごく近い意味である。忍耐と「勝利」は多かれ少なかれ同様の事柄を指す。

ビールは、この四つの言葉を、教会がよく励んでいた四つの別々の事柄と見てはならないと、重要な指摘をしている。彼が言おうとしているのは、この四つの言葉すべてに宣教的意味も込められているということである。この手紙において、この四つの言葉はいつも教会の証しと関連づけて用いられている。信仰、奉仕、忍耐は多くの場合、教会が証しをする仕方と関連づけられている。それゆえ、19節の最後の部分の「あなたの近頃の行いが以前の行いにまさっていることも知っている」という言葉も、彼らの宣教的証しと直接関連づけて理解されるべきである。ビールはここにエフェソの教会の誤った状態に対する明白な示唆があると言う。というのは、エフェソでは人々が愛を冷やしてしまったために熱心さを失い、最初にしていたことをもはやしなくなったからである。それに対して、ティアティラの教会は困難な状況の中であっても上昇志向を保っていた。

興味深いことは、ヨハネがここでイゼベルと彼女のグループの問題を、よく歩んでいた教会の他の人々の行動とある意味で切り離して語っていることである。イゼベルの問題は無視できない――このことについては次の二つの節で見る――、しかし、そのために教会の行っている良い業をやめてはならない。これは私たちにとっても大切な一つの助言である。教会に何か問題が起こる度にすべてのことを止め、さまざまな問題や痛みだけを取り扱うことはできない。

3　イゼベルの問題――聖書から知る以上の、別のより深い福音があるのか

主がこの教会を批判された一つの点は、彼らがいわゆる女預言者イゼベルを教会の中で自由にさせ

ていたことである。彼女は教会に偶像崇拝と結びついた淫らな行いに関わるように勧め、誘った。すでに見たように、イゼベルの問題はペルガモンの教会のバラムのグループに（またエフェソの教会のニコライ派にも）あった問題とほぼ同種のものであった。

ここでの問題の発端は、おそらく商売をする上での憂慮であった。もし職業組合に所属していないなら、ティアティラでうまくやっていくことは難しく、ほぼ不可能であった。さまざまな職業組合が市場を支配しており、その一員でなければ商売ができなかった。クリスチャンたちを悩ませた真の問題は、すべての職業組合が自らの守護神を持ち、それに献げ物を捧げ、崇拝していたことだった。さらなる問題は、神々の祭りが通常、馬鹿騒ぎやさまざまな淫らな行いを伴っていたことだった。クリスチャンたちの悩みはすべて、偶像崇拝とその後の宴会に参加しようとしないなら、問題を抱え込むことになるということに凝縮されていた。

この状況の中でイゼベルが主張したことは、彼らはただ入り込んで参加すればよいということであった。そこでどのような議論がなされていたのか正確には分からないが、それはおそらく「グノーシス」と呼ばれるその時代の思想に沿ったものであったと思われる。グノーシスは肉体と魂を区別する典型的なギリシアの思想で、それによると、自分が魂や霊において積極的に関わるのでない限り、重要さにおいて劣ったものである肉体は、どう用いても構わない。それゆえ、クリスチャンも異教的行為に参加することができ、心から神々を信じるのでない限り、何も間違ったことをすることにはならない、というものである。この議論はさらに、当時の異教的宗教が何らかの信仰箇条（クレドー）や信仰告白に基づいて行われているわけではないという事実をもっと進めて、ある特定の礼拝儀式や行事にただ参加するということに論点を絞った。そこで、祭りに参加することは信仰を断念したり捨てたりすることにはならないと主張された。この考え方は、ニコライ派（彼らもグノーシスによって強い影響を受けた）が信じたことと大変近いものである。

旧約聖書の神と、イエスを信じるクリスチャンは、この議論を受け入れられない。聖書の神にとってはただ私たちの魂だけでなく、肉体も重要である。私たちはただ魂や霊だけでなく、肉体をもって神に仕えるのである。私たちの肉体は神に献げられた、聖霊が住まれる神殿である（一コリ6・15、19）。私たちはキリストを信じ、キリストを救い主、主と告白するよう召されたのである。私たちはまた主が聖なる方であられるように、肉体においても聖なる生活をするよう求められている。それゆえ、イゼベルが教会に教え、主張したことは、主にはとうてい容認できないことだったのである。

ここではイゼベルの立場のさらなる展開にも言及している。それは〔2章〕24節で言及されている、いわゆるより深い秘密の知識と称されるものである。グノーシス主義というものは、追及されるべき、人間の生活を別の次元に移すことができるより深い霊的知識（グノーシス）があることを暗示している。24節の「深み」（深い神秘）とは、おそらくこの関係で言われていることである。しかし、主にとってこの知識は危険で疑わしいものであった——それは主の知識ではなく、むしろサタンの知識である。キリスト教の核心は、聖書とイエス・キリストにおいて人々に啓示された事柄であり、それよりもっと深い知識を得ることができると考えるならば、危険にさらされることになる。そのような知識を持つ人を信じたり、探し求めたりすることはキリストを捨てることになる。

興味深いことは、ティアティラの教会は実に良い教会であったが、その一方で、この教会に宛てた手紙が七つの手紙の中で最も長いことである。この長さはイゼベルの教えに言及していることと、それに伴う教会への奨励のためである。そこに私たちが、また教会が認識すべきより深刻な危険があったためである。主は長い間イゼベルに関わり、彼女に悔い改める機会を与えてこられたが、そのことは彼女には何も印象づけなかったように思われる。イゼベルに対する告発がどれほど真剣なものであったのかは、彼女に対する訴えがさまざまな点で、18章に描かれた女バビロンの姿を思い起こさせようとしていることから分かる。多くの注解者は、そこにイゼベルと大バビロンの明確な類比があるとする。

4　主はイゼベルの問題についてどのように言われるのか

主のイゼベルに対する裁きは相当厳しいものである。これは主が彼女に考えを改める機会を与えられたにもかかわらず、彼女にまったく変わる兆候がなかったことによる。主の目にそれほどの誤りと映った、イゼベルがしたことはいったい何であったのか。ここで私たちは三つのことを耳にする。

第一に、教会の中に起こっていた直接的な問題があった。イゼベルは、教会員は経済的生き残りのために――おそらくそれ以上に、もう少し金を儲けて裕福になるために――、そこには疑わしい面があるとしても、職業組合の宴会や祭りに参加できると考えた。しかし、主はこれを容認することができなかったのである。それは私たちの召命に合致した生き方について福音が求めていることを、無視することになるからである。ティアティラの教会への手紙が私たちに告げているのは、キリスト教的な生き方をすることの大切さを過小評価してはならないということである。この点はさらにこの手紙の別の二箇所にも見られる。〔２章〕23節に、プロテスタント教会のクリスチャンの耳には奇異に思われる言葉がある――「彼女と共に姦淫を行っている者たちも、その行いを悔い改めないなら、大きな苦難に遭わせよう」。この言葉は、もはやいかなる方法でも恵みを得ることができないという意味ではなく、このような生き方を決してしようと思ってはならないと告げるものである。26節にも同様のメッセージがあり、ここでは主は良い道を歩んでいる人々に肯定的な言い方で、「私の業を最後まで守り続ける者には」、と言われる。これがまさに主が言おうとされることである。互いに愛し合い、真に愛し合っているなら、他の人々が望むことをして、他の人々を幸いにすることである。主の望まれることを行い、主をほめたたえて、主の愛に応えて生きることが、何にもまして最高の生き方なのである。

主が問題とされたイゼベルについての第二のことは、彼女が正直ではなかったことである。彼女は預言者ではなかったのに、そのようなふりをしたことである。彼女はそういう振る舞いをして人々に誤ったことを教え、人々を陥れた。マリーナのような学者は、ヨハネが黙示録において毅然と戦ったことは、誘惑、偽情報、そして欺きであったと言っている。ヨハネは第一にローマ帝国とその担い手の欺きと戦ったが、その誘惑や欺きは今や教会の中に入り込んでしまった。それは深刻な問題であるので、主はそのように激しくイゼベルと対峙されたのである。

第三のことは、人々が求めるべきであり、彼女が人々を別次元に移すことができる魔法薬として見せかけた「深い秘密の知識」に関することである。これは必ずしも明白に説明できるものではない。

しかし、この教義はイエスが救い主として十分ではなく、それ以上のことが必要である、イエスはすべてのことを知る助けとはならないという前提を持つ。この「深い秘密の知識」とは、イエスより深いものであり、生きるためにはそれが必要だというものである。

そのような教えは福音の核心を損なうものである。教会は、イエス・キリストにおいて生ける神が私たちに御手を差し出され、御心を明らかにされたと信じるからである。私たちが生きるために、将来の幸いのために神について知るべきこと、また知ることができることはすべて、私たちに啓示されている。それ以上のことを求めるなどは考えられないこと、自惚れであり、愚かなことである――そして最も深刻なことに、それは主を悲しませることである。これはすでにすべてを与えられたにもかかわらず、まだ足りないと言うようなものである。

それで、主はイゼベルを――彼女だけではなく、彼女に従う者たちも――病の床に伏させようと語られるのである。主は彼らに苦難をもたらされ、彼らは疫病によって死ぬことになる。

前章ですでに述べたことであるが、黙示録の裁きの宣告は多くの人々にとって――私自身にとっても――理解するのが大変難しい部分である。それは時に、神は厳しく、裁きを下すことにまったく躊躇されないという印象を与える。多くの人々にとって問題なのは、これは新約聖書の他の箇所で耳にすることと符合しないということである。このことについて少し深く見てみたいと思う。

• この刑罰の部分の背後には、主の公正と正義が結びついているという現実がある。もし、裁きがまったくないというのであれば、善悪の区別を嘲笑うことになる。そうはできない。このことを〔2章〕23節で再び耳にする。間違った行為には結果が伴うのである。

•さらに明らかなことは、主が人々に苦難を経験させる意図は、彼らを再びご自分のもとに取り戻すためだということである。このことは黙示録の多くの箇所で言われている。主が責められるのは私たちを愛し、私たちに自覚をもたらすためである（３・19）。主が私たちの考えや思いすべてを見通しておられることがその前提にある。〔苦難の経験は〕主が人生の深い現実に目を開かせ、私たちが新しい仕方で神のもとに逃れ場を得て、真理を一時、体験することができるよう助けるためである。

•さらに、私が信じるところによると、刑罰とは第一義的には、私たちが行ったことへの報いとして神が意図された新しい御業ではなく、むしろ、私たちを自ら行った選択に一時的に委ねるためである。これは、あたかも主が次のように言われているようなものである――「私が見るに、あなたは私の助言や保護を欲しないようだ。自分がしたいことをしようとし、自分で将来を決めようとしている。今、あなたを一時解放する――私はあなたを手離し、それがあなたにどんな効き目をもたらすかを見てみよう」。私は人生の中で何度も、もし主が一瞬一瞬御手で私を覆ってくださり、危機の時に人生を決められた方向に導かれなかったなら（すなわち、私の決断の外側におられたなら）、どれほど恐ろしく誤った道を歩んでしまったことかを深く理解するよう、主が目を開いてくださった経験をしたことがある！　私たちが刑罰と見るものは、私が信じるに、多くの場合、主が私たちに考えを改めさせようとして、私たちを自分自身の選択に委ねられたということなのである！

最近の数十年、私たちの思考や欲望が私たちの言動に及ぼす影響について、多くの書物が書かれてきた。思考の役割についての議論はすでに、かなり前から行われている。

心理学や脳生理学のような分野でなされてきた研究は、思考が私たちの言動やあらゆる精神状態を決定づけることを明らかにした。これはある意味、私たちが聖書の多くの箇所で耳にしていることである。すなわち、言動の変化は物事を異なる目で見始め、世界を異なる目で見るようになることから始まる（例えば、フィリ4・8）。最近の数十年間にジェームズ・K・A・スミス（James K. A. Smith カルヴァン大学哲学部教授）のような人は、私たちの願望が果たす決定的な役割を再び研究のテーマとした。スミスが、〔言動を決定づけるものは〕単に私たちの思考だけではないと言うのは正しい。もし、ただ正直に自分の願望を抱き、その次元で悔い改める助けがないなら、私たちの言動はあまり変わることがない。スミスは人間の言動と私たちの愛が持つ中心的な役割についてのアウグスティヌスの理解を正確に把握している。その「基本原理」はこれである――「私たちは、自分が愛するものになる」（we become what we love）。もし私たちが間違ったものを愛し求めているなら、人生を正しく歩むことはできない。

私たちは教会においてより深く働きかけて、アウグスティヌスが「人生において愛することを再構築する」と表現したように、人々が思いを悔い改めることができるよう助けなければならない。このことは、私たちの思考と願望とを見通される主の御業に心を開き、感謝することから始まる。

5　教会の他の人々への主の助言

大変興味深いことに、この手紙はイゼベルと彼女の支持者たちと、教会の中で良い道を歩んでいた人々とを明確に区別している。聖書の中ではしばしば、特に旧約聖書では、共同体の中の不従順なグループがまさに教会全体に俗悪さをもたらすと教えている。「十戒」を見ると、そこでは父や母の罪が三代、四代の子孫にも及ぶと言っている。しかし、ティアティラの教会への手紙ではそのようなことを耳にしない。

主はイゼベルと彼女の支持者たちについて語られた後、向きを変えて、教会の中で正しい道に留まっていた他のグループの人々に助言を与えられる。私は、主は少なくとも三つの助言をされたように思う。

•最初に、主は彼らが持っているものをご自分が再び来られるまで固く守るようにと言われた〔25節〕。「私は、あなたがたにほかの重荷を負わせない」〔24節〕という言葉が、グノーシス主義者たちが求めた「深い秘密の知識」に対する皮肉であると考えるのにはそれなりの理由がある。彼らはキリストご自身とその賜物を持っていることで十分以上なのである。さらなる知識は必要ない。

•第二のことは、イエスが26節で付け加えられた言葉により確証された。主は彼らに「私の業を最後まで守り続ける」よう忠告された。イゼベルのグループの誤りは、この命令を真剣に受け取らなかったことにある。もし私たちがキリストとその賜物を受けているなら、私たちの人生はこれからもそのことに基づいている。このことを肝に銘じなければならない。

•第三に、良い歩みをしていたグループも、23節にある人の思いや願望についての主の指示をよく覚えておく必要がある。主が私たちの思いや願望を見通しておられるのは、何よりも、私たちをさらし者にしたり、侮辱したりするためではない。主は私たちを助けるためにそうなさるのである。実際は――人間的に言えば――、日々の言動は、大部分が私たちの思考や願望によって規定されている。

また事実、私たちが自分自身の思いや欲望を計り、それについて正直であるというのは容易なことではない。パスカルはある時、時に心には理性では分からない理由があると正直に認めた。それゆえ、私たちは自分の思考や願望を探り、正直になりたい。聖霊が私たちを刷新し新しくされるためには、キリストの光、また聖霊の導きが必要なのである。

ここで少しの間、グループと個人について参考になる話をすると、グループはもちろん、教会に大きな影響を及ぼす。そのため、主はここで教会に警告して、彼らがイゼベルとその支持者たちに十分に抵抗していないと語られた。しかし、主に対する従順を選んだ一人、二人の個人による恵みの力を過小評価してはならないことも事実である。一人、二人の従順と正義がグループを、教会を、町を悔い改めへと導くことができる。いつも大きなグループとだけ一緒に働く必要はない。時にはたった一人の弟子に注目することで、町全体が救いへ導かれることもあるのである。

6　教会への約束——主は始められたことを完成される、しかし、主は今ティアティラに住んでもおられる

この手紙の最後のところで、ヨハネは詩編2編と民数記22－24章を参照した言葉を用いている。ここにある大きな約束は、反対者にもしっかりとイエスを証ししつつ、忍耐して勝利した人は、明けの明星を受けるということである。それは確かに、イエスと信仰者たちで構成されるメシア的王国を指すものである。さらに、この教会への手紙は、主の正義との結びつきを確認する強い言葉で閉じられ

ている。やがて秤は均衡になる。今、他の人の枷によって苦しんでいるクリスチャンたちは、イエスと共にその王国の力と権威を分かち合うことになる。

聖霊の語られることに耳を傾けようとするなら、ヨハネがこの手紙の最初で私たちに描いたイエスの姿に、いつも立ち戻る必要がある。この手紙でヨハネはイエスを「神の子」と呼ぶ――このように呼ぶのは、この書物で唯一ここだけである。この力強い名前はダニエルの約束を思い起こさせるが、特にクリスチャンたちにその地方の神々を恐れる必要はないと言おうとするものである。ティアティラではアポロン――ゼウスの子――が、この地方の神として崇拝されていた。クリスチャンたちはアポロンが真の神の子キリストの力と燃えるような目に対抗して存在することはできないと知ったに違いない！　またイエスの足は青銅のようであったと言われている。これはあまり馴染みのない表現だが、まさにティアティラの青銅職人の仕事から説明することができる。ここで用いられているギリシア語「カルコリバノン」は、青銅と亜鉛の特に強い合金を示すものであり、不動性と耐久性を象徴する。ティアティラの人々は、イエスは共にいてくださるために来られたことを知る必要があった。ティアティラの町もまたイエスに属しているのである。

そして、もし主が臨在しておられることを知るなら、私たちが主の御傍に立ち、主と共に自らの宣教的課題や挑戦を受け入れることは困難なことではない。

第一二章　サルディスにある教会に宛てた手紙
――なぜ、平穏な日常生活がいつも良いとは限らないのか

1　この都市について分かっていること

サルディスはティアティラからおよそ五〇キロ南東にある。当時、この町は古代の町の中でも美しい町の一つであった。紀元前一二〇〇年に建てられたが、高い尾根にあるのはヘルムス渓谷のすばらしい光景を展望するためでなく、難攻不落にするためであった。ヨハネがこの手紙を書いた時代、この町はあまり知られてはいなかった。この町は安全な場所にあり、特にその先進的な農業と織物業で知られるようになった。豊穣の女神アルテミスが、サルディス地方の守護神であった。人々はアルテミスが農業を助け、伝承によれば、死者をも生き返らせることができると考えた。

この町の歴史の特徴は、いわば難攻不落であったにもかかわらず、何度も外の勢力によって占領されたことにある。その理由についての一般的見解は、この町の建つ位置が人々を過剰に安心させたために、防衛面で緩かったということである。この町が最初に占領されたのは紀元前六世紀、ペルシアによってであった。その時代のペルシアはキュロスによって大帝国となっていた。二回目にこの町が

占領されたのは数世紀の後、シリア（ギリシア系のセレウコス朝）によってであった。町は再び破壊され、最初から再建されなければならなかった。さらに二三〇年後、この町は激しい地震に襲われ、土台から建て直されなければならなかった。ローマ帝国はその地震のあとに税金を免除し、かつての栄光と豊かさを取り戻すことができるよう支援した。

サルディスの教会の設立事情については何も分かっていない。この手紙が書かれた時代には、すでにある期間活動していたようである。この手紙は教会が歩みを始めた初期の頃は良かったという印象を与えている。彼らは生き生きした教会として知られ、地域で良い評判を得ていたようである。しかし、すべてがそうではなくなったことが示されている。ここにはエフェソの教会のような、典型的な第二世代の教会の姿を見る。この町にはおそらく、教会に対する厳しい反対者がいたわけではない。この町で迫害や差別、社会的な排除があったことは耳にしない。スミルナのように、大きなユダヤ人共同体との間に緊張もなかったようである。町の中も教会も、大変平穏であった。しかし、悲しいことに、平穏であることも良いことばかりではない。

2　この都市の教会について分かっていること

外から見ると、サルディスの教会は大変平穏で、幸いな教会のように見える。地域の評判は悪くはなく、人々の目には活発に活動している教会に見えた。しかし、主は彼らの行っていること（行っていないことも！）「すべて」を知っておられ、そして、明らかに良い印象を持ってはおられなかった。

それは、厳しく率直な裁きの言葉で、「私はあなたの行いを知っている。あなたが生きているとは名ばかりで、実は死んでいる」〔3・1〕と語られたことから分かる。主はさらに最も厳しい言葉を加えられる――「私は、あなたの行いを、私の神の前で完全なものとは認めない」(2節)。「完全なものとは認めない」ということの言葉は、物事を完成するために献身しなかったということを思い起こさせる。それは、ある意味で、この町の姿そのものである。不用意、怠慢、鈍感――これらの言葉はこの町の最も象徴的なことを示している。すなわち、サルディスではアルテミスのためにすばらしい神殿を建設しながら、何年かけても完成するに至らず、中途半端なままであったということである。このことは人々の惰性と怠慢を象徴している。教会もまた今、この気質に染まってしまったようである。教会の人々も町の人々と同じように、能天気で怠惰であった。町の人々がクリスチャンのようになったというのでなく、クリスチャンたちがこの町の人々のようになってしまったのである！

ここで起こったことはそのようなことであった、と幾人かの注解者は述べている。それはこの町にまったく他の宗教や思想がなかったということではない。クリスチャンがいかなる抵抗もなく自由に証しできたということでもない。この町が平穏であった理由は、大多数のクリスチャンがまさに証しの業を放棄して、町の生活にまったく溶け込んでいたからである。ジョージ・ブラッドフォード・ケアード(George Bradford Caird)はこのことが、サルディスのクリスチャンたちが脅威や迫害に直面せず、平穏であった理由でもあると書いている。彼らは訴えかけることも挑戦することもなかったので、損失を受けることもなかった。彼らに対抗したり、迫害したりする必要はなかったのである！

3　サルディスの教会の問題――彼らは福音への熱意を失った

この箇所を見ると、この教会の大きな問題は、彼らがおそらく最初の頃に持っていた熱意、熱情、活力をその間に失っていたことであるのは明らかである。すべてを捨て去ってしまったというのではなく、教会は活動を続けていた――ここで二度、彼らの行いに触れられているが、そこにはもはや心が欠けていた。死がそこにまとわりついていた。彼らは教会に集っていたが、もはや情熱はなく、もはや目は輝いていなかったのである。

なぜそのようになったのか。なぜ福音への熱意や情熱を失うことになってしまうのか。正直に言うと、私たちはそうなってしまうことがあるのを知っている。多くの人はどこかで（また人生の中で何度も）そのことを経験している。私たちは自分で気づかないうちに、そうしようと思ったわけでもないのに、福音（良い知らせ）に慣れきってしまい、ある日かつてのような神の国への熱意がもはや冷めているのに気づくということが起こりうる。

注解者たちによると、そのことに特別な理由を求める必要はない。人生の中で最もすばらしいものでも、一度自分のものにしてしまうと慣れてしまうのは通常よくあることである。もし、助けがないなら、また外から何かが起こらないなら、私たちはそのうち世界の中で最も感謝に値する事柄（福音）への情熱を失ってしまう。そのような現象はごく自然なことで、悲しいことに、福音も例外ではない。教会史を見ると、このような現象は繰り返されてきた。このような現象はしばしば第二世代の信仰者たちと関係づけて論じられる。劇的な経験をし、信仰を持てたことに感謝した親たちはもはや教会の指導者たちではない。そのような経験を耳にはしたが、直接体験しないまま彼らの子どもたちが教会を導いている。彼らにとって福音への情熱は、もはや大切なことでも中心的なことでもなかったということである。

バーフィンクはこの手紙の〔注解の〕表題を、「ごく平凡な生活」とした。彼が言うには、特にサルディスの教会はごく普通の、社交的な、小市民の生活習慣と何ら変わらないものであった。平凡な生活習慣と、世間のさまざまなことに首を突っ込む生活の心地よさが、人の判断力や見る目をまったく失わせ、荒廃させる。バーフィンクは次のように言う――「聖書的生活とはいつも目的を持ち、注意深く見、熱意をもって何かを生み出すことである」。それがもはやサルディスの教会にはなかったのである。

重要な問いは、この惰性という病理と戦うために何ができるのかということである。時にはその病には解毒剤はまったくないとか、いつかその時が来ると、ただそこから再び抜け出す助けとなるようなことが起きるよう待ち望むだけのように思える。私は、この問題をそのように判断するならば、それは正しくないと思う。情熱の欠如や喪失は、どうしても私たちに襲いかかるのであって、私たちはそれに対処できないというものではない。それは、悔い改めないという私たちの罪に起因するものである。バルトは、怠惰〔sloth〕とは私たちが過小評価してしまい、そのためにきちんと戦わない罪の一形態であると断言している。私たちの人生の中での大きな問題は、時に私たちが悪人であるということではない〔悪も過小評価してはならないが!〕。しかし、通常は私たちが怠け者で、いいかげんで、問題解決のために努力しようとしないことが問題なのである。怠惰は私たちに中毒のように襲いかかる。単に動くことができない。怠惰とは、襲い来る睡眠不足のようなものである。問題があることには気づいている。しかし、それでもすぐに、迅速に行動に移ろうとはしない。その結果、アルテミスの神殿をいつまでも完成しようとしなかったサルディスの人々のようになる。これがまさに彼らの問題の一端であったことが、〔3章〕2節でヨハネが教会に「目を覚ませ」と呼びかけていることから、そして、3節でも再び目を覚ましているようにと忠告していることから分かる。

おそらく教会の誤りで最も深刻であったのは、彼らがこのことをことごとく自覚していても、すべてがうまくいっていて、教会が活気にあふれているかのようなふりをしたことにある。マリーナは、偽りと欺きに対する正直さと、真理のための戦いが黙示録という書物において中心的な位置を占めており、ここで教会が欺きの生活をしている人々と同じようにしていることが深刻な問題なのだと考える。私はこの手紙のいくつかの箇所から、特に「私は、あなたの行いを、私の神の前で完全なものとは認めないからである」〔2節〕という主の言葉から、この教会に対する主の失望に触れるように感じる。怠惰と弛みは十分に深刻な問題であるが、もしそれをさらに隠そうとして、生き生きとしているかのように偽装するならば、問題はさらに深刻である。

ビールはこの問題をさらに進めて、主が指摘するこの教会の問題の核心は、彼らが霊的な劣化に伴い、自らの宣教的な証しをまったく失ってしまったことにあると考える。彼がそのように言うのは、この手紙においてそのことを示唆する一般的な説明は多くはないが、黙示録には特に教会の証しという視点から多くの表現が用いられているためであるとする。彼はこのことをエフェソの教会との関係でも言及し、サルディスの教会もまたエフェソの教会のように、かつては献身的で活発に活動する教会であったと考えている。それゆえ、彼らが福音を受け入れ、真剣に耳を傾けた時のことを思い起こさせようとしているのである、と。

おそらくサルディスの教会のより深刻な問題は、ただ安楽に、平穏な歩みをしているというだけではなかった。より大きな問題は、教会がその町で証しの業を真剣に引き受けることを恐れるあまり、やる気がなく、彼らの愛と忠誠心にひびが入っていたということである。それゆえ、彼らの責任は軽くはない。彼らは損得勘定で物事を考え、献身的な生活や忠実に証しすることはリスクが大きいと考えた。教会の大多数の人々はクリスチャンが本来関わるべきではない行為に参加し、そこにある別なものを得るために自分の衣を汚しても構わなかったようである（4節）。

4　サルディスの教会の他のグループ

ここで興味を引くことは、サルディスの教会には〔3章〕4節に言及されているように第二のグループの人々もいたということである。それはより小さなグループで、実際にはただ数名の人々が挙げられるだけのようである。しかし、ある意味で、彼らが教会にいるということが大変重要であった。ヨハネがサルディスの教会のことを暗い姿に描く中で、この人々は一筋の光（希望）であった。この人々について三つのことが言われている。

第一に、彼らは自分の衣を汚さなかったと言われている。最も優れた注解者たちによれば、このことは第一義的に倫理的な意味で理解されるべきではなく、むしろ、彼らが異教の偶像崇拝に参加しなかったということを指す。このグループの人々は一般的な意味で他の人々よりも立派に生きたというのではない。彼らは教会の中で一貫してイエスを証しし、サルディスの偶像の前に膝を屈めなかったということである。彼らは大胆に、清い衣を着て主の御顔の前に立ったのである。

この節の残りの部分は、私にとって感動的で美しい。ここでキリストは幾人かの人々を非常に高く評価なさり、彼らが「主のために」事を行おうとする用意があることを褒めておられる印象を受ける。主ご自身が「彼らは、白い衣を着て私と共に歩む」と言われる〔4節〕。黙示録において白は勝利の、そして聖なる衣であり、多くの箇所で、イエスに忠実に生きた人は白い衣を着ると言う（6・9－11）。ある英語訳聖書はこの箇所を、「彼らは純白の中で（汚れのない中で）私と共に歩む」（they will walk with me in white）と訳す。彼らはただ白い衣を着るだけでなく、どこにいてもキリストと共にいることになると言うのである。その理由は、彼らが困難な環境の中でもイエスへの信仰を告白し、イエスを捨てることがなかったので、彼らは地上においてすでにキリストと一つにされ、結ばれており、主が彼らをいつもご自分と共にいる者と保証してくださるからである。

〔3章〕4節の最後の部分で、イエスが「そうするにふさわしい者たちだからである」と言われたことを耳にすると、私はまたこのことに大変感激する。これは、キリストとその恵みに私たちの救いと贖いを信頼する一つの理由だからである。これは時間の経過の中で主が新しい仕方で愛してくださるということで、主と主がなさった御業を信じる者を評価してくださるのとは別のことである。私たちは、確かに最初は裁きを恐れて主に従うことで十分とする。その理由は自分が滅ぼされたくないか

らである。しかし、主が願われるのは、私たちが主との交わりの中で成長し続けて、主を恐れるだけでなく、主に感謝し、愛することを学ぶことである――主が私たち一人一人を愛しておられるように。そこで私は、このことについて4節に耳を傾けなければならないと思う。サルディスの教会で多数派のグループに加わらなかった数人の人々がいる。この人々は――数人にすぎなかったが――イエスに忠実で、イエスを愛し、イエスに完全に信頼し続けることが重要であるとした。そこで、私は次のような思いに駆り立てられるのである。すなわち、彼らの愛の業と忠誠心が主の心を感動させた――彼らは主の栄光のために、主のもとに立とうとする願いから、自分自身を清く保ったのだと！

主が私たちの罪を赦してくださり、良い業によらず子どもとして受け入れてくださることは、ひたすらすばらしいことである。もう良い業は必要ない。しかし、私たちにはもう少し何かができると思う。主はある時私たちを評価してくださり、愛と慰めをもって私たちに現れて、言われるだろう――「ありがとう、私の子よ、私はあなたを誇りに思う」。最後の日に、私たちにこのような言葉が語られるのを聞くのはすばらしいことではないだろうか！

ここで小さなグループの人々に特別に言及していることは意義深い。ここでは旧約聖書からも知られている現象を見る。主はご自分の民の信仰が弱く衰える時、いつも彼らを気遣って、ご自分に信頼し続けるグループを残された。旧約聖書では「残りの者たち」のことが語られている。エリヤの時代、彼がただ自分しか残らなかったと感じたその時、そこにバアルに膝を屈めなかった七〇〇〇人の人々がいた〔王上19・18〕。後の預言者たちの時代にも何度も残りの者たち、すなわち、主が教会の再生のために用いられた小さなグループがいたと記されている。

黙示録においても同じことを見出す。前の二つの教会、ペルガモンとティアテイラでもこのことを見た。そこでは教会の中の大多数が良い道を歩んでいたが、少数のグループが脱落した。ここではその数が逆である。しかし、原則は同じである。主が教会を回復させ、再び生き生きとさせられる一つの方法は、主の側に立つ人々によって開始される。それゆえ、小さなグループの人々のすばらしい影響力を過小評価しないように注意する必要がある。神の御業、宣教の業も人数によるのではない。なぜなら、しばしば小さなグループが、時には一人でさえ大きな違いを生むからである。これは私の見解であるが、宣教の業における重要な法則の一つは、――それが二人、三人であったとしても――用意ができている人々から始めるということである。

5　教会への主の助言――目を覚まして、自分がどこにいるかを見よ

この手紙の書き出しで、道から外れてしまった教会の大多数の人々に助言が与えられている。この教会を特徴づけていた能天気さが、彼らの大多数が自分たちの状態の深刻さを自覚することを妨げていた。彼らはある点で、信仰から脱落していた。死はすでに彼らにまとわりついていたのである。ここで描かれた彼らの姿から、彼らの住む町に起こっていたことを思い起こす。歴史の中で数回、人々の能天気さがこの町の衰退と大勢の人の死を招いた。キュロス、そしてアンティオコス三世はちょうど泥棒のように夜間に奇襲攻撃を行って、町を滅ぼした。教会はこのことから学ばなかったようである。彼らは目を覚ましている人々に助言する代わりに、町が犯したのと同じ誤りに自らも陥って

いたのである。その教会に対して、いくつかの直接的な命令が与えられた。
• 今は彼らが目覚めるべき緊急の時であり（3・2）、まったく手遅れになる前に救われるように努力しなさい。ここで私たちに注意を怠らせ、ぼんやりとさせてしまう能天気さがいかに危険であるかを見る。信仰とは私たちの周りに起こっていることを観察し、見極めることである。注意を怠ると、問題に入り込んでしまう。それゆえ、目を覚まし、実際に起こっていることを見るようにと叫ぶのである。
• さらに、教会の最初期の歴史――彼らが最初に福音を受け入れ、耳を傾けた時のこと――を思い起こすよう命じる。過去を思い起こすこと、そのために努力することは、責任ある祝福された人生――さらに主と共にある人生――を歩む一つの鍵である。イスラエルと教会が行う祭りは思い起こすための祭りである。過越祭はエジプト脱出を記念するものであり、新約聖書を持つクリスチャンには、キリストがなさったことを祝い、想起する聖餐がある。思い起こすことによって、私たちはかつて起こった出来事を再び思い巡らし、その時の熱気と場面を感じ取ることにより、自らの命を救うことができるのである。
• 教会は初めの頃の生活に立ち戻るよう、そして悔い改めるよう呼びかけられている。悔い改めという言葉へのためらいを捨てること、これは信仰生活の一部分である。悔い改めるよう呼びかけられるのは恵みである。主が私たちにそうする機会を与えられることは特権である。これは私たちの生活に定められた一部分である。カルヴァンは、私たちは可能な限り、日々悔い改めなければならないと言った。これは忘れてしまわないための最も良い治療法である。

この警告がなされている箇所で私たちが耳を傾けなければならない最も重要な点は、教会の歩みは変えることができるということである。バーフィンクのような学者は、安楽な生活にある惰性についてこの上ない解説をしており、そのような状況の中で信仰を失わないことがどれほど難しいことか、それはほぼ不可能であると言う。クリスチャンたちが何とかしてうまく生きようとすればするほど、信仰がますます後退するのを何度も見ているということのようである。

それは容易ではないが、不可能なことではない！　この手紙からのメッセージをはっきりと聴き取る必要がある。ここで主は教会に、自らの責任を自覚し、悔い改めるよう呼びかけておられる。もしそうできないのなら、主はそのようなことを求めたりされなかったはずである。さらに、ここでは大多数の人々に反して、教会の中に安楽な生活を歩まなかった人々がいたという事実をはっきりと知る。自分の衣を汚さなかった人々がいる。初めの頃を忘れなかった人々がいる。信仰の戦いが実際に始まる前に敗北してしまわないよう注意する必要がある。私たちは自分の怠惰とこの世の考え方を言い訳にして、福音とキリストに本当に信頼することは、普通の人にとって実際に容易なことではないなどと言わないようにしなければならない。主は私たちにその能力と手段を与えておられないことを求めることはなさらない、と約束されている（一コリ10・13参照）。

6　命を生み出す聖霊の約束――そして、さらにその先へ

この教会へのメッセージを閉じる前に、この手紙ではいくつかのコメントと指示により励ましが与

えられている。ビールは、ここでイエスが「神の七つの霊と七つの星を持つ方」と言われているのは、今、教会に人間の力を超えた支援が必要であること、幸いにも、それが与えられることを示すためであると言う。サルディスの教会――そして他のすべての教会――の歩みを違ったものにする二つの要因は、キリストがいつも共におられること、そしてキリストが聖霊を私たちに与えてくださることである。

古代教会においては早くから、聖霊が命を与える霊として知られるようになった（ニカイア信条〔わたしたちは命を与える聖霊を信じます〕を参照）。そのことには理由がある。旧約聖書の時代から、聖霊は死んだ骨にも命を吹きかけて与えてくださる方で、神とキリストに代わって私たちを生きる者としてくださる方である（エゼ37章を参照）。サルディスの教会はこの聖霊を本当に必要としていた。というのは、彼らがほとんど死体のようで（1節）、死にかけていたからである（2節）。

教会の中に働かれるのはただ聖霊だけではない。イエスもまた教会の間を歩かれ（2・1）、教会の指導者たちをその御手でつかんでおられる。イエスがなさることが教会への三つの約束として最後に記されている。まず、彼らが自らの証しに留まるなら、彼らも小さなグループの人々と同じように白い衣を着る。主は彼らを赦し、守り、清くされる。

さらに、イエスは彼らの名前を決して「命の書」から消すことはないと約束される。黙示録の他の多くの箇所にも、「命の書」のことが記されている。それは注解者たちによると、その時代の人々が知っていたような、すべての人の違反や罪が記録されたものとは対照的な書物である。主が持とうとされるのはそのような書物ではない。主はむしろ私たちの罪を赦し、私たちの名前を命の書に記そうとされる。これは、私たちが主に信頼し続けることができるように助ける、主ご自身の保証であり、慰めである。

この手紙の一部にある最後の約束は、再び私たちの感情に訴えかけるものである。キリストに信頼し続け、神〔への信仰〕を告白するなら、キリストは神の御前で、天使たちの前で私たちをご自分のものであると宣言なさり、公に言い表してくださるということである。ヨハネの手紙一に書かれているように、事実、真の愛が始まったのは私たちがキリストを愛したからではなく、イエスがまず初めに私たちを愛してくださったからであり、こうして愛は愛というその名を得たのである（４・10）。

第一三章　フィラデルフィアにある教会に宛てた手紙
――弱い力で信頼し続け、開かれている門を得た教会

1　この都市について分かっていること

フィラデルフィアはサルディスから南東四〇キロにある。この町は私たちが読む手紙の中では他のどの町よりも歴史が浅く、その名があまり知られていなかった。しかし、この手紙が書かれた頃、軍事と商業で重要な町であった。この町は東洋への幹線道路上にあり、「東洋への門」という愛称で呼ばれた。この町の設立までの正確な経緯ははっきりしていない。この町はヘレニズムの文化をアジア州に輸出するための門、すなわち、ギリシアの価値観や生活様式を広める「宣伝都市」として設立されたという説がある。私たちがよく知っていることは、この町はペルガモンの王エウメネス二世の弟で、彼の後継者でもあったアッタロス二世への愛を記念して名づけられたということである。フィラデルフィア（ピラデルポス）は兄弟愛を意味する。さらに、この町には比較的大きなユダヤ人共同体があった。

この町もまた衝撃的な出来事と苦難を経験していた。この地域は度重なる震災に見舞われ、分かっ

ているだけでも二度、地震によりほぼ崩壊した。本震の後にも余震がまだ続いたので、町の住民は長期間城壁の外で生活することを余儀なくされた。ぶどうの産地として有名であったこの町を、さらなる悲劇が襲った。それはローマ皇帝ドミティアヌスの時代、軍隊への食糧供給のため麦を栽培するので、すべてのぶどうの木を抜き取るようにという法律が執行されたことである。そのことは町にとって厳しい経済的打撃となり、人々の不安を助長した。悲劇の度に、町の名前は新しい「支配者」をたたえるために変更された。しかしながら、フィラデルフィアというこのすばらしい名前は残った。この町は現在のアラシェヒルである。

２　この都市の教会について分かっていること

フィラデルフィアの教会についてはあまり多くのことが分かっていない。注解者たちは、この教会はおそらくパウロか彼の協力者によって設立されたのではないかと言う。この手紙から明らかなことは、その教会は大変良い教会で、七つの教会の中でも最高位の教会だったことである。教会の古い伝承は、初期のキリスト教会において大変な影響力があったモンタヌス運動はこの町の教会に起源を持つと告げている。その可能性はある。というのは、モンタヌス主義はフィラデルフィアの教会と同じように大変献身的で、熱心だったからである。

スミルナの教会の場合とまったく同様に、手紙にはこの教会について批判的なことが何も言われていない。それはこの教会が小さく、影響力も強くはなかったからかもしれない。ヨハネは、主は彼らが力の弱い者であることを知っておられたと記している〔3・8〕。彼らもまたアジア州の他の多くの教会と同じように、ある種の問題や差別を経験していたことが想像できる。またおそらく多かれ少なかれ、問題の性格は同様のこと、すなわち、異教の祭りや皇帝崇拝の祭儀に参加させようとする圧力があったと想像される。さらに彼らはスミルナの教会のように、ユダヤ人住民から悪意の的にされたこともあったようである。

この教会は特に、彼らが行った二つのことで褒められている。第一に、困難な状況の中でも主の言葉をしっかりと守ったことである〔3・10〕。この表現は、単に彼らは生き残り、信仰を失わなかったというように消極的に理解されるべきではない。ビールはこの言葉を、この教会は機会があれば、キリストについての証しを行う準備があったということを示すものだと考えている。この教会が褒められている第二のことは、彼らが決してイエス・キリストの御名を否まなかったことである〔3・8〕。ビールは、このことはこの教会のイエスの御名への忠実と信頼を示すもので、ここにも宣教的証しの業を見るべきであると言う。

3　困難な状況の中で、証しと宣教の召命によく献身した教会

多くの注解者たちは、フィラデルフィアの教会の特徴は、彼らの状況が理想からは遠くかけ離れたものであったにもかかわらず、決して宣教的展望や召命を失うことがなかったことだと言う。抵抗もなく環境が整った中で、宣教の召命について真剣だというのは簡単なことだが、状況が変わり、逆風

を感じる時となると話はまったく別である。

それが、この教会の注目に値する点であった。教会の証しや宣教的な存在意義を強調することは、確かにこの手紙の中心的な関心事である。ここから、今日において宣教的な教会であるためにいくつかのことを学ぶことができるのではないかと思う。

すでに見たように、この教会はただ霊的に生き残るだけでは満足しなかった。彼らは機会が得られるところでキリストについての証しをし、御名を否まなかった。そのことは、この手紙に見られる「開かれている門」についての言及によっていっそう明らかとなっている。

これまで注解者たちの間では、この「開かれている門」という言葉が正確には何を意味しており、どこへと導くものなのかについて議論されてきた。ある注解者はこの「開かれている門」とは殉教の死を遂げた信仰者たちの救いを指していると言い、他の注解者は一般の人々の救いのために「開かれている門」のことを言っている可能性があるとする。さらに他の注解者は、これは神の国の門よりも広い概念であり、救いを意味すると共に教会が証しの活動に参加することを意味すると解釈する。私の解釈はビールと同じで、この門とは確かに証しをする機会、キリストが教会に与えられた、神の国が進展するための機会のことであると解釈する。町がギリシアの文化をアジアへと運ぶ「東洋への門」（これは町の呼び名の一つであった）であるなら、教会は今、キリストが神の国の福音をこの町に、そしてアジア州の人々へと告げ広めるための門となったのである。小さく、力の弱い一つの教会が、その務めを担う門となったのである。

彼らが証しの業に大変真剣に取り組んだことは、主が二つのことでその教会を褒めているところですでに見た。しかし、そのことは、この手紙から得られる開かれた門への言及に、いっそう明らかに見ることができる。この点によく目を向けることが大切である。開かれた門についての最初の言及は、ヨハネがこの手紙の送り手であるイエスを教会に紹介する〔3章〕7節にある。彼はイエスのことを「聖なる方、真実な方」と呼ぶ――両方ともイエスの本質を強調する名前である。彼はまた、イエスを「ダビデの鍵を持つ方」としても紹介している。このことはおそらくは〔ヒゼキヤ王の宮廷長ヒルキヤの子〕エルヤキムが自分の思うままに宮殿〔の扉〕を開けたり閉じたりする鍵を与えられるというイザヤ書22章22節を参照したものである。

私はここで描かれているイエスの姿に、二つのことをしっかりと見る必要があると思う。イエスが鍵を持つ方と呼ばれるとき、それは地上でのイエスの絶対的力と権威の承認と見るべきである。イエスが主であり決定を下す方、皇帝やいかなる人間の権威者でもなく、イエスが天と地のあらゆる権力を保持している方だということである。イエスは鍵を持つ方であられるので、開くことができ、閉じることができるのである。しかし、第二のメッセージも聞く必要があると思う。イエスのこの姿は、イエスが実は、開くために来られたことを告げようとしている！　イエスは閉じることもできる――イエスがそうなさる時が来ようとしている。しかし、イエスがまさになさろうとしていることは、開くことである。イエスが来られたのは世界を裁くためではなく、世界がご自分を通して救われるためである（ヨハ3・17）。イエスが大いに喜ばれること、イエスが本当になさりたいことは、開くことである。イエスは「アコル（悲しみ、苦難の意）の谷」で、私たちに希望の門を開くために来られたのである（ホセ2・17）。イエスはちょうど放蕩息子の父親のように、手を広げて私たちを待っておられる。これがイエスの熱望されることであって、イエスはまさにそのために来られたのである。これこそが福音の告げることである。イエスは門を開くために来られたのである！　それゆえ、主の望まれるようにし、主の心を喜ばせようとするならば、私たちもまた「開かれている門」に思いを馳せ、その門を見つめつつ、語ることである。

「開かれている門」が指し示している第二のことは〔3章〕8節にある。ここで主は話を少し先に進め、フィラデルフィアの教会に「私はあなたの前に門を開けておいた」と言われる――誰も再び閉じることはできない。この文章によく耳を傾けることが重要である。主が門を開けておられるので、たとえ皇帝でも、いかなる権力者でも、誰も閉じることはできない。私たちが困難の中にあり、たとえ権力者が私たちに敵意を示すとも、その時実際に門が開いているのに――主が門を開けていてくださり、誰も閉じることはできないのに――、門が閉じていると考えることなどできるだろうか。そのように、困難な状況であっても、私たちが考える以上に証しの機会が多くあるというのはどういうことなのか。

この手紙における大きなメッセージは、フィラデルフィアの教会が開かれている門を見て、それを用いていたことである！　彼らは自分たちに与えられた機会をとらえて、実行した。彼らはそのメッセージをしっかりと握りしめて、機会を得たところでイエスの御名を恥じることなく告げ知らせたのである。9節で、さらにこの話の続きがある。私たちが主に従順であるなら、主は私たちを祝福され、さらに機会を与えられる。そして教会に、主ご自身がユダヤ人たちの彼らへの態度も変えさせると約束される。主はご自分の力と愛を示し、ユダヤ人の共同体の中に変化をもたらされる。主がユダヤ人たちを、キリスト教信仰についてほとんど完全に否定的な人々を、回心させせられる。時に主は、安易な方法によってではなく、最もあり得ないような方法でそれを開始なさるのである。主はただ可能性のあることだけではなく、不可能なことをもなさる神である（ブルッゲマン）。ここには、さらにその経路に微妙な逆転がある。旧約聖書では異教徒たちがエルサレムに来て、イスラエルが神の選びの民であることを認めるようになった（イザ60・14－16、61・9など参照）。ここでは順序が逆である。かつての神の民ユダヤ人がキリストの教会に来て、主がご自分の教会を愛しておられるのを認めるようになると言うのである！

3章9節は、この手紙においてキリストの教会への愛を印象的に語る数少ない、大変重要な箇所である。この手紙で、特に宣教の業との関係においてキリストの教会への愛が語られている仕方は、興味深くかつ雄弁である。その意味はもちろん、主が他の教会を愛していないとか、主はこの教会をひいきしているということではない。私はこれは単純に、フィラデルフィアの教会は主の御心、熱情、計画を理解したので、主を大変喜ばせ、興奮させたということだと思う。

この箇所は私たちに、自分たちは今いったいどこに立っているのだろうか、と自問させる。私たちの教会はどうだろうか。私たちは真実な信仰と献身が問題とされるような教会の一つになっていないだろうか。信仰を犠牲にするなら、生活がよりよく、より楽になるのではないかと思う教会の一つになっていないだろうか。多くの教会と教会員たちはどこかでその狭間を行ったり来たりしているのではないか。教会から抜け出すほどの気持ちはないと言っても、このような話に入り込もうとしない。私たちは教会では賛美歌を歌い、正しいことを語る。しかし、喜びも情熱も少ないので、主は私たちの心がご自分から遠く離れていることを知っておられる。私たちはクリスチャンであるが、実を言うと、福音のこと――特に、福音のために門が開かれていること――を理解できないと思ったり、そのように言ったりもする。そうであるなら、主はどこかで私たちを見ておられて、おそらく（「いや、そうではない」と）首を横に振られるだろう。

それとも、私たちの教会はフィラデルフィアの教会のように、福音の力を信じ、開かれている門をいつも見つめている教会なのだろうか。

4　暗雲――試みと試練が迫りつつある時

門は開かれていると主が教会に約束されたということは、残念ながら、宣教の業が容易になるとか、いつも順調に進むということを意味しない。10節で、世界中に及ぶ試練の時が迫っていること、地上に住む人々が試練に遭うことが語られている。教会もまた、試練の痛みを感じることは避けられないようである。いったいどのような試練なのか、ここでは正確には明らかではない。すでに言及したように、ヨハネが予告したのは、この手紙（スミルナの教会への手紙も）を書いた後にアジア州のクリスチャンたちに対する差別が激しくなり、大変厳しい迫害の中を歩むことになるということであった。私たちは歴史からこのことがある場所で実際に起こったことを知っている。しかし、同様に、ヨハネは黙示録の残りの部分に記された、より一般的な形での試練――この書物の中ほど（6－16章）にある悲惨、災い、裁き――を指してもいる。それがどのような裁きや試練であるかを正確に知るよりも大切なことは、そのような苦難の時が人生の中に――世界とそこに住んでいる人々に、さらにクリスチャンたちと教会に――、現実に起きることを認識することである。すでに第三章で見たように、黙示録の重要なメッセージの一つは、この地上のそれぞれの人生は、そのようなことがなおも起きる場なのである。災いや悲惨を語るのはクリスチャンたちに、かつてのイスラエルがそうであったように、彼らが約束の地ではなく、いまだ荒れ野で生きていることを思い起こさせようとするためである。

なぜそのようなことが起こるのか、という問いに答えるのは難しい。すでに第三章で語ったように、このことは主の私たちに対する最初からの計画の一部分ではない。苦難、悲劇、混沌は、神が造られた秩序や生活のリズムに対する不従順によって人生の中に入り込んだものである。主が苦難を私たちにもたらされるのではない。声を大にして言うが、主はそれを容認なさるのである。なぜ苦難や試練があるのかについては、大変慎重に語る必要がある。私たちはこの問いにすべて答えられるわけではない。私たちの知っていること、また知るべきことは、苦難や試練はいまだ人生の現実の中にあり、それはクリスチャンにも訪れるということである。

私たちは、特に安楽な生活に慣れてしまった西欧人は、もし選択できるならば、今、荒れ野にいたいなどとは思わない。できることなら幸福で、楽な生活をしたいと思う。しかし、私たちはいつもそのようなわけにはいかない。このことをはっきりと理解することは、信仰生活の大変重要な事柄である――皮肉なことに、満足して人生を歩むための初歩的なことである。人生は楽なものではない。聖書はどこにも、人生は――クリスチャンにとっても――楽なものであるとは言っていない。教会の中には再び、主はご自分の子どもたちが悩んだり苦しんだりすることを望まれないという考えが頭をもたげている。主は単に私たちを苦難から守られるばかりか、すべてを豊かに、順調に、さまざまな点で幸せにしてくださるという教え――私たちはこれを時に順境神学また幸福神学と呼ぶ――は、福音そのものではない。それは人生を滅ぼし、神と福音について人々を幻滅させる。

主は私たちが苦難や試練に遭わないように守られるのではなく、ある方法、それも驚くべき方法で私たちに近づき、助けてくださるのである。主がフィラデルフィアの教会になさったすばらしい約束から、このことを知るのである。彼らが主のメッセージをしっかりと守ったので、主は試練の時に彼らを守ってくださると言うのである（10節）。

主は決して、私たちが試練や苦難に遭うことはないと約束してはおられない。しかし、主は苦難や試練の中で私たちを守ると約束された。この約束はすでにこの前の〔スミルナの教会への〕手紙でも耳にした。主は私たちを試練に遭わないように守られるのでも、試練から救い出してくださるのでもない。この箇所のメッセージをそのように理解しようとする注解者もいる。その人々は、試練に遭わないように守られているという「歓喜」が信仰者たちの口から起こって来ると言う。しかし、大多数の注解者は口を揃えて、そのような説明は無意味であり、さらにそれは黙示録が語るものではないと考える。主がはっきりと約束されるのは、主がその時に私たちをしっかりととらえてくださり、私たちがその時を乗り越えることができるように助けてくださるということである。ビールはこの箇所を、「私は来たる艱難の霊的被害からあなたを安全に守ろう」と訳すように提案している。

10節と11節に目を向けると、主の明白な二つの約束を耳にする。第一の約束は、主が私たちを守られるということであり、それは主がいつも共におられるという意味である。これは聖書の他の箇所で聞くことと一致する。イエスの御名はインマヌエル、すなわち「神は我らと共にいます」である。たとえ私たちが火の中、水の中を歩むとしても、主が共にいてくださる（イザ43・1−7）。死の陰の谷を歩むとしても、私たちは独りではない。それは主が私たちと共にいてくださる牧者、守護者であられるからである（詩23編）。第二に、スミルナの教会に宛てた手紙と同様に、主が試練の時はいつまでも続くことはないと約束しておられることである。主は教会に、自分が今持っているものを守るようにと忠告なさり、そして「私はすぐに来る」と言われた。私たちは恐れる必要はないのである。

5　試練の時は主に仕え、従い、ほめたたえ、告白する機会である

しかしながら、試練と苦難の時はただ無意味な時でも、できる限り早く過ぎ去るように願うばかりの空しい時でもない。歴史から――そして私たち自身の経験から――知るのは、試練の時はしばしば実りをもたらす時、教会にとって成長の時であるということである。その時は、〔厳しい〕冬に最も速く成長するかのように、最も恵みを受ける時である。これは福音の持つ最も驚くべき側面である。すなわち、主は悪の否定的な業を妨げ、無力化されるだけでなく、悪の考えや業を最終的に私たちを益するものとされるのである。すでに前章で、神は愛する者たちのために万事を共に働かせて益としてくださる、とパウロが言ったローマの信徒への手紙8章28節を参照した。このことはさらに遡って、ヨセフの歴史の最後のところ、創世記50章20節で、主は悪い企てを変え、それを用いてイスラエルの命を守られたと、ヨセフが兄弟たちに語ったことに見る。このことは、十字架で起こったことにも見

る。神の民が御子を十字架につけたので、サタンは自分たちはついに勝ったと思った。しかし、その時とはまさに、イエスが人類全体が救われるために死なれたその瞬間だったのである！

私たちは困難の時を、福音の進展や神の国の到来と完成をしばらく妨げ、停止させる時であるとただ否定的にとらえてはならない。そのような時は実際には神の国が到来し、完成していく一つの段階なのである。主は試練をさまざまな仕方で用いて、御国を人々にもたらし、完成なさるのである。私たちは決してマゾヒストになったり、さまざまな方法で苦難を求めたり、たたえたりしてはならない。しかし、私たちは苦難を恐れる必要はないし、逆境もいかなるものも、キリストの王国が到来するのを、そして完成するのを妨げることはできないと知っている。

10節の最初のところで、これに関係した一つのことを知る。教会が守り続けたメッセージのことが「忍耐についての私の言葉」と言われている。〔忍耐という〕この言葉は、不動とも訳される。この箇所を正確に訳すのは容易ではないが、その意味は比較的明らかである。この教会はキリストの十字架での苦難（忍耐）を福音のメッセージの中核と理解した。彼らはイエスが苦難を引き受けられた、私たちのために苦難を忠実に背負われたという福音のメッセージをしっかりと守ったので、褒められたのである。この教会はそのことを福音の本質であり、核心部分と理解した。イエスの苦難と死なしに、福音と呼べるものはないのである。

さらに、この教会はまたこの道を歩み、キリストに従う心構えがないなら、自らをキリストの弟子、またクリスチャンと呼ぶ資格がないことも理解していた。キリストに十字架があったのなら、自分たちにも十字架があることに驚いてはならない。すでに本書の第一部で見たように、信仰者たちのキリストと共に苦しむという この心備えが、彼らの証しの業の一端なのである。またこのこと〔忍耐〕が、教会がキリストと共に勝利するために召された時の計画、また目的であることも見た。勝利と言っても私たちが戦いの勝利を勝ち得るということではない。それは最後まで――逆境や迫害の中でも――忍耐してキリストに忠実であり続けることなのである。

良い、そして驚くべき知らせは、私たちがそのように見る時、試練の時と、教会の宣教の召命と業とは別々のものではないということである。私たちが試練にある時とは、私たちの宣教的召命がいわば、閉店させられたり、少なくとも一時停止させられるような時ではない。主は不思議な方法で、まさに試練や苦難の時を用いてご自身のメッセージを人々の心の内にもたらされるのである。教会の歴史はしばしばそのようなものであった。それは成功をもたらす方策ではなく、人々がイエスに、福音に目を向けつつ苦難と共に生きていく方法なのである。初代教会に見られる多くの劇的な成長は、ロドニー・スターク（Rodney Stark アメリカの宗教社会学者。The Rise of Christianity: A Sociologist Reconsiders History, How the Obscure, Marginal Jesus Movement Became the Dominant Religious Force in the Western World in a Few Centuries, 1997などの著作がある）によれば、その時代の厳しい病気――伝染病――の後に起こった。誰もが感染を恐れて逃げ出す中で、クリスチャンたちが留まって、病気の人々の世話をしたのは、主がそれを自分たちに求めておられると信じたからであった。彼らの多くは病気に感染し、実際に命を落とした。しかし、伝染病から一〇年、二〇年後、クリスチャンたちがどれほど病人に寄り添い、世話をしたかということが話題となった。そして、何百、何千人という人々が福音を信じ、受け入れたというのである。それは人々が福音にうまくいくための方策を見たからでなく、福音がいかに苦難と共に有意義に、献身的に、そして建設的に生きる助けとなるのかを見たからである。

私たち西欧の教会の多くは、この福音を身に着けていないので狼狽している。私たちが持っている福音は、イエスが私たちの罪のために死なれたということで十字架を終わらせてしまっている。イエスは死なれなければならなかった。その結果、私たちは神と和解させられ、私たちの罪は赦されるのだとする。しかし、これは私たちが望む十字架の目的である。私たちが持っている福音とは次のようなものである。すなわち、イエスは私たちの罪のために死ぬことをよしとされたのだから、私たちの生活において、もはや十字架は必要ないというものである。私たちはキリストと共に復活する前に、キリストと共に十字架を負わなければならないという福音は、私たちにとって少し奇妙に聞こえる。福音が、神の国のために苦しむ心構えが必要であると語ることは私たちにとって異質である。私たちは、イエスの「私に付いて来たい者は、自分を捨て、自分の十字架を負って、私に従いなさい」（マタ16・24、マコ8・34、ルカ9・23）という言葉に、違和感を覚えるというのが現実ではないだろうか。

もしそうであったとしても、十字架の福音は聖書が語っている唯一の福音である。十字架にかかられたイエスは復活した方、そして世界に勝利した唯一の方であられる。十字架の福音は、救いをもたらし、人生を新しくする唯一の福音である。これは確かに、他の人と分かち合う価値ある唯一の福音なのである！

6　今日の、そしてこれからの約束

すべての手紙がそうであるように、ある約束が手紙の最後になされていて、それが教会へのメッセージの一部分となっている。キリストが教会になさった近い将来の約束についてはすでに言及した。彼らはキリストとそのメッセージを守ったので、キリストは彼らが経験することになる困難な時も彼らを守り、保護すると約束された。12節には、さらに将来のことについていくつかの約束が付け加えられている。

最後まで忍耐し、勝利を得る者たちに対して、主はご自分の神殿のある場所を約束される。それは、主が彼らを神殿の柱とするということである。柱は頑強さと不動というメッセージをを告げるものである。度重なる地震に見舞われ、長い間揺れに怯えて城壁の外で暮らした町の人々にとって、神殿の柱が据えられるという約束は大きな魅力であったに違いない。

続く第二の約束は、新しい名前に関するものである。イエスは彼らに神の名と、神の都の名、すなわち、新しいエルサレムの名を書き記すと約束された。神の名を書き記されるとは、彼らが永遠に神のものであるというしるしである。新しいエルサレムの名が記されるとは、彼らが神の新しい都の住民として刻印を押されるということである。これはいつも自分たちはフィラデルフィアの真の住民であるのか、またそこにあるユダヤ人の会堂で歓迎されているのか不安だった教会員たちに大きな慰めを与えたに違いない。彼らはキリストの御名に忠実であり、この方を否まなかったので、イエスの新しい名も彼らに刻まれる。それは、おそらく彼らが受けることになる新しいアイデンティティのしると考えることができる。私たちはまだ、それがどれほど栄光に富んだことか分からないので、新しいことである（ロマ８・18－25）。

その教会に、フィラデルフィアの人々に、ヨハネはイエスのことを忠実な方、私たちが信頼できる真実の神であると書き記した。不誠実で気まぐれな帝国の支配者と、度重なる地震によってもたらされた町の人々の不安に対して、イエスを力と安定の典型として、不安と困難の時代にあって守り、保護してくださる方と書き記しているのである。

イエスはまた鍵を持ち、私たちのために門を開いてくださる方でもある。イエスは二度目の、新しいチャンスを与えてくださる神である。イエスはすべての人に、また私たちの中で最も悲惨な人々にも再び機会を与えようとなさり、単なる幸福よりもさらに良いものを与えてくださる――私たちを御国の協力者としてくださる――神なのである。

キリストの御業を通して、特にその愛を通して、町は新しい方法でそのすばらしい名前の通りにされる。イエスが開いておられる門は常に、愛の門である。それは神とキリストの愛によって開かれる。しかし、私たちは自らにおいて、私たち自身を通してキリストの愛をもって、神の子どもたちであるすべての兄弟姉妹を愛さねばならない。このこともまた、常に宣教的な教会の背後でなされるべきである。私たちが人々に証ししようとするのは、私たちがキリストの愛をもって人々を愛するからなのである。

第一四章　ラオディィキアにある教会に宛てた手紙
――この教会はどのように主に拒まれるほど遠く迷い込んだのか、キリストはどのようにこの教会を再生し、役立てられるのか

1　この都市について分かっていること

ラオディィキアは、フィィラデルフィィアの南東およそ七〇キロにある。この町はフリギア地方の主要都市であり、この地域のいくつかの幹線道路上にあった。ラオディィキアは繁栄した商業都市であった。それほど大きくなかったが、大変裕福で、おそらくは七つの町の中で最も裕福な町であったと思われる。ラオディィキアはまたコロサイの町から東へ二〇キロ弱のところにあるが、コロサイの町はパウロが彼の手紙の一つを書いたことでよく知られている。二つの町は多くの共通点を持っている。

ラオディィキアは銀行業と製造業でよく知られていた。また繊維織物業が盛んで、黒紫色の羊毛が特産物として有名であった。ラオディィキアには目薬専門の有名な医学校があった。アジア州全土から人々がこの町に来て治療を受けた。

しかし、この町独特の問題があった。ラオディキアの周辺地域はフィラデルフィアと同様、地震に多く見舞われ、例えば紀元六〇年には強い地震によって町がほぼ壊滅した。大変興味深いことは、町は皇帝からの財政援助を断り、自力で再建したということである！　この町には援助されることを嫌い、十分に繁栄していて何でも自力でできるという気風があった！　さらに興味深いことに、自分でできるという気風が独自の形、それも不幸な形でこの町の教会に影響を与えていた。

第二に、水というやっかいな問題があった。良質な水源がないことが、町を脆弱にさせた。彼らは町の外のおよそ一〇キロ離れた水源に依存していた。彼らはパイプラインを敷設した水道橋を敷かなければならなかったが、これがさまざまな問題を引き起こした。その水源はおそらく温泉であったと推測されるが、水がこの町に辿り着く頃にはもう熱くはなく、生温くなっていた。

ラオディキアで盛んであった宗教は、アジア州の他の場所とほぼ同様であった。すなわち、典型的な多神教で、皇帝崇拝と混ざり合っていた。ラオディキアには大規模なユダヤ人居住区があったが、この町の宗教形態の一つとして、ユダヤ教と異教的宗教が混合したものが存在していたとする注解者たちもいる。パウロがコロサイの教会に宛てた手紙の中で述べた戦うべき異端（コロ2・8－19）というのがその実例だとする。

2　この都市の教会について分かっていること

ラオディキアの教会については、ヨハネが手紙を書いた他のどの教会よりも多少詳しく分かる。例えば、この教会はおそらくエパフラス〔コロ4・12〕によって設立され、彼もそこで少しの間活動したということである。ラオディキアはコロサイと近かったため、多くの注解者たちは、この二つの教会は互いにごく親しい関係にあり、ラオディキアの教会の多くのことについてコロサイの信徒への手紙から知ることができるとする見解に同意している。例を挙げると、パウロはコロサイの信徒への手紙をラオディキアに送り、そこでも読まれるようにしてほしいと指示をしている〔コロ4・16〕。また4章15節では、その〔ラオディキアの〕教会はすでに女性の教会員のニンファの家で集会を行っていたことが知られる。また、両方の教会にグノーシス思想の影響を受けた教会員たちがいたことや、さらにすでに触れた新興のユダヤ教との混合宗教によって影響された人々との間で教義における論争があったということが、その関係を示唆している。

そして、ラオディキアの町が裕福であったことは、この町の教会にもう一つの問題を生み出す要因ともなっていた。手紙から受ける印象では、この教会は町の裕福さの一角をなし、多くの教会員は金持ちで欲しい物は何でも買うことができた。そこにはクリスチャンに対する迫害や差別がなかったようである。教会員たちは町によく溶け込んで平穏な生活をし、脅威を経験することもなかった印象を受ける。

しかし、承知のように、平穏な生活が必ずしも信仰生活や福音宣教への献身のために益となるというわけではない。それがラオディキアの教会の状態であった。ここでは何一つ肯定的なことが言われていない。他のすべての教会と比べておそらく、この教会はあるべき姿から最も遠かった。そして、彼らはその事実にまったく気づいていなかった。

３　この教会の第一の誤り――彼らは怠惰で、まったく役に立たない

〔黙示録の〕ヨハネの手紙の中には、この教会についてまったく肯定的な評価を見出すことができず、多くの疑問と批判がなされている。これによく耳を傾ける価値がある。というのは、多くの注解者たちは、この手紙はおそらく現代の（富裕な）西欧のクリスチャンたちにとって耳を傾けるべき最も現実的なものと考えるからである。

この教会に対する最初の苦情は、大変厳しいものである。この町の水問題という面白い比喩を用いて、主は彼らの信仰に信念と誠実さがなくなっていると言われる。ヨハネがここで水を比喩に用いて指摘している問題は、町の外にある温泉の水を最終的に町まで引いた時、それがまずい生温い温度になっていたことに絡めてある。誰も生温い水は好きではない。特に、生温い水を飲みたくはない。二つの隣接した町はそれぞれ熱い湯と冷水とを得ていた。ヒエラポリスの温泉水は病気治療に効果があり、コロサイの冷水は飲むのに美味しく、生きた心地にさせた。食事の席では異なる目的のために熱い湯と冷水の両方を使うことができた。しかし、生温い水はまずく、人はしばしば吐き出す。それは吐き気をもよおさせる。注解者の一人は、生温い水は当時、吐き気をもよおした人が吐き出すのを助けるために用いたと言う。注解者の一人が言うように、「私はあなたを口から吐き出そう」〔３・16〕とは実際は「お前たちは私の気分を悪くさせる」と訳すことができるとすれば、ここでの主の発言に厳しさを感じる。

これは、イエスがラオディキアの教会を、時に町の人々に吐き気をもよおさせる生温い水に譬えた厳しい比喩である。しかし、これがまさに主がこの教会に感じておられたことだったのである。生温さとはここで、どちらつかずで半信半疑、優柔不断、回心と献身の欠如を意味する。この教会は二つの道の間で右往左往し、どちらを選ぶのか、誰に付くべきか決断できなかったということである。ビールは強い調子で、私たちは黙示録を宣教的に読む必要があると言い、この生温い水の比喩を宣教活動に――むしろ、その不在と――結びつけて理解すべきであるとする。それゆえ、この生温い水というのは実際には、まったく使い物にならないということだと力説する。熱いか冷たいかなら何かできるが、生温い水は役に立たず、何も良いところがない――それは捨て去ってもよいものである。

この生温い水の比喩はまた、他のあることをも物語っている。生温い水は多かれ少なかれ室内温度と同じであった。周囲に溶け込むと水の温度はどうなるか。周囲の温度と一緒になる。水が水源から来るなら、通常は熱いか冷たいかであるが、水源が外にあってさらに遠くから運ばれるとなると、周辺の温度を取り込んでしまう。それで、主がこの比喩を用いてその教会に言おうとされたことは、彼らは残念ながら、世界の中での特異性や相違をまったく失ってしまい、町の人々に溶け込んでしまった。彼らは町に同化してしまい、誰もそこに区別を生み出せなかったということである。

補足すると、これは新しい問題ではなかった。本質においてこの教会の誤りは、かつてイスラエルが長年にわたって闘ってきた問題と似ている。すなわち、彼らはヤハウェ（主）とバアルとに同時に仕えた。ここにあるヨハネの警告も、神と富とに同時に仕えることはできないと言われた、イエスが山上で語られた警告（マタ6・24）とそれほど異なるものではないのである。何世紀にもわたり、クリスチャンたちと教会は同じ問題と闘ってきた。主に「然り」と言うことは、言い換えれば、他のいかなる神々、偶像、私たちの心が頼るものにも「否」と言うことを意味する。私たちは自らがどの程度主に対して熱心で献身的であるかを考えずに、この教会を厳しく裁いてはならない。

4　より深刻な問題――自己欺瞞

怠惰であったことがこの教会の唯一の問題ではなかった。17節から明らかなのは、彼らが自分たちの状況を完全に読み間違えていたということである。彼らはどうやら自信にあふれ、自己満足していたようである。しかし、ロロフはそのことを「見当違いな自己評価」と呼び、バーフィンクはこの手紙の〔注解の〕表題を「自己欺瞞の致命的危険性」とする。彼らは自分たちは裕福で誰の助けも必要ないと思っていたが、主が彼らを見る目はそれとはまったく違っていた。

主が最も近くで見ておられたこの教会の深刻な問題は、「自分たちにはもう何も必要ない」と思っていたことにあった。自分は誰にも、何にも頼らないと宣言するなら、啓示された福音の核心に激しく反することになる。なぜなら、交わりと相互依存関係が三位一体の神ご自身の本質であって、そのような神の像に似せて創られた人間としての本質を別なものに見せかけることはできないからである。私たちは互いを必要としている。私たちはそのように造られたのである。私たちは自分だけで物事をできるように造られてはいない。主が初めから願っておられることは、私たちが交わりの中で共生し、互いに助け合い、寄り添うことである。そのため、主は初めに人間を独りではなく、二人に造られたのである――イエスが来られて、「幸いである」という形による説教（マタ5・3－11）で、祝福された人生の法則として最初に教えられたことは、私たち人間の依存性を見つめ、それを認めることであった。それに対して、自分にはもう十分に蓄えがある、もう誰の、また何の助けも必要なく、安心だと言った金持ちの愚かさをイエスは狂気と宣言されたのである（ルカ12・13－21）。

人生を、そして自分自身をそのように考えるなら、福音とその価値をまったく分かっていない。それは分別ある考えではなく、正直でも、現実的な考えでも事実でもない。私たちは今、マリーナが言う自己欺瞞と誤解を再びこの教会に見る。ここに再び「逆さ伝道」という悲しい現象、すなわち、教会が町に影響を与えたり変えたりするのではなく、反対に町が自分の烙印を教会に刻み込むという現象を見るのである！

このことに対する主の反応は率直で厳しく、自慢している教会の歩みを一刀両断にされる。彼らは自分が考えているように裕福でもすばらしくもない。反対に、彼らは惨めな者、哀れな者、貧しい者、目の見えない者、裸の者なのである（3・17）。これらの言葉は一見、ヨハネは実際の姿よりも深刻に、悪いように誇張して描いているのではないかと思うほどの強く、激しい言葉である。しかし、私は誇張などではないと思う。大した根拠もないのに、自分は豊かで賢いと思っている人々は真に同情に値する人々である。もし裕福な人々が、お金は人生のすべてではないことを、そして人生のこと、神のこと、福音のことを理解したいと思うならば、自分が「貧しい」ことを自覚していないことほど限りなく哀れで、残念で、心痛むことはない。クレイグ・ブロムバーグ（Craig Bromberg アメリカのマーケティングの専門家、雑誌『タイム』の編集責任者）が、超富裕層の人々を観察していると気分を悪くすると言ったのはその通りである。

しかし、主はさらに先に進まれる。主は微妙な仕方で、彼らの豊かさと所有しているすべてのものは本当の平和（平安）を与え、幸せにするかを問われる。実際は――主は彼らに思い起こさせる――、町が彼らに提供するものは、本当に彼らが求めるものでも、彼らに平和を与えることができるものでもない。町から得られる富は、彼らが考えるほど重要なものでも、価値あるものでもない。神が与えてくださる富とは違い、町からの富は消え去ったり、取り去られることもある。それで、主は教会にラオディキアが誇る黒紫色の衣服の代わりに、ご自分のもとで大変高価な白い衣を買うように招かれるのである。そして、彼らは主から目薬も買わなければならない。それは私たちを盲目にするのではなく、見えるように、新しい見方で人生を、また真実を見る目を得るようにさせるためである。

5　新しい召命への準備と形成としての苦難

20節に、さらにもう一つの大変すばらしいこと、すなわち、苦難と罰とを主がどのように用いて証しの道を歩むように助けられるのかが記されている。19節では主はその教会に率直に語りかけ、彼らの愚かな決定と誤りを厳しく罰すると言われる。彼らは自らの信仰を、いわば称賛される、華やかに見えるものと交換したが、それらは実は価値のないものである。主は彼らのことを惨めであり、貧しく、目が見えず、裸であると言われる。さらに深刻なことに、主は彼らがご自分の気分を悪くさせており、もはや吐き出そうとしていると言われる。これは実に厳しい言葉である！

しかし、それでもヨハネは注目に値する次の文章を付け加えている。主は言われる――「私は愛する者を責め、鍛錬する」。主がこの言葉を七つの教会の中でも最も劣った教会に語られるのは、まさに驚くべきことである。これが福音なのである！　主はフィラデルフィアのような褒められるべき教会だけを愛されるのではなく、この愚かで、悔い改めのないラオディキアの教会をも愛されるのである。主が重要とされたのは、ご自分の厳しい言葉が罰や怒りや絶望からではなく、心からあふれる愛から発せられたものであることを知らせることであった。主がこのように語られるのは、彼らを非難するためではなく正しい道に戻すためである。「鍛錬」と訳されているギリシア語は「パイデイア」で、「教える」とか「しつける」、また「形作る」という意味である。主は時に、私たちの身に嫌なことが起こることを容認される。主が私たちを何度も、少しの間またある期間、私たちの間違った決断に委ねられるのは、私たちが何かを学ぶことを願っておられるからである。私たちの多くにとって、苦難は信仰の成長過程で欠くことができない部分である。私たちは楽しい、祝福された経験からも学ぶことができるが、しかし、ルイスは言う――「主が痛みや苦しみをもたらされる時にこそ、私たちの多くはより速く学ぶのである」。

苦難や苦しみの時を、ただ否定的に考えてはならない。それらは時に、教会が自らの召命に対して再び新たな確信、感謝、そして熱意を持って取り組むために必要な薬である。主はこのことがラオディキアの教会にも起こるよう望まれたのである。

6　教会への助言――イエスを見失った場所に戻る

この手紙の最後の警告には大変驚かされる。イエスご自身が教会の中ではなく、扉の外に立って、強く、すぐに中に招かれることを願って叩いておられる姿が描かれている。イエスはただ扉を叩いておられるのではない。主は扉の外から叫んでもおられる。それは主が、教会が御声を聞いて扉を開けるのを願っておられるからである。

このラオディキアの教会に宛てた手紙にある「扉」とは、この前のフィラデルフィアの教会に宛てた手紙の「門」とは異なる。フィラデルフィアの教会に宛てた手紙の「門」とは世界への門であり、証しと宣教のために開かれた門であった。一方で、ラオディキアのこの「扉」は人が出入りするため、私たちと神との間を開閉するための扉である。ある学者たちは、主人が婚礼から帰って来た時に、扉を開けるために目を覚ましている僕のたとえを参照する（ルカ12・36－37）。他の学者は、雅歌５章２節を示して、花婿が花嫁に開けるよう願っている部屋の戸を指すものだとする。大多数の注解者たちは、これは最初の悔い改めではなく、すでに存在している関係を更新し再開することの比喩として用いられているとする。

イエスのこの姿において見逃してはならないのは、イエスがここラオディキアでどうやらご自分の教会が集まっている部屋の中ではなく外に、閉ざされた扉の前に立っておられたという衝撃的な状況である！　しばらくこの情景をよく見つめることが大切である。私たちは自分自身をクリスチャンと呼ぶので、私たちが何をする時にもイエスは常に一緒にいてくださると考える。確かにそれは真実であって、いつもそうである。しかし、一方で、それが事のすべてではない。私たちも黙示録3章のこの情景をよく見つめなければならない。私は、この情景は次のことを考えさせようとしているのだと思う。すなわち、私たちは時に物事を行い、計画を立てながら、その一方で、イエスを私たちのもとから追い出すような思いを持っていないだろうか。私たちが疑わしいことをする時には、イエスを完全に締め出したいとの思いから、していることが主に見えないように、また知られないようにする瞬間があるものである。ここにある情景は、私たちが人生の中で行う行為や決断には結果が伴うことを示している。それは主に受け入れられる良いことであるか、それとも主を失望させ傷つけること、さらにはここラオディキアの教会で起こったように、主に吐き気をもよおさせ気分を悪くさせさえすることであるのかを理解するよう助けようとするものである。もし後者であるならば、主は居心地悪く、もはや私たちの集会に歓迎されていないと思われ、私たちはイエスを排除し、関係をこじらせることになると理解する必要がある。

しかし、20節にあって注目に値することは、主は私たちのところに戻って来ることを、私たちとの関係の回復と更新を願っておられる方だということである。通常このような状況の中では、教会の方が自らの誤りに気づいて、主が交わりに戻って来てくださるよう努力するものである。しかし、この情景は神がどのような方であるか、特に、私たちにどれほど大きな愛と慈しみを向けてくださり――まさに神ご自身が再び身を低くして私たちのもとに来て、扉を叩かれる――、そして外から私たちに呼びかけられる方であるかを告げている。

幾人かの注解者たちは、この節はさらに、イエスがラオディキアの教会の問題がどこにあるのか――さらには教会生活のどこに修正すべき点、改善を始めるべき点があるのか――を示しておられる第三の段階と理解すべきだとする。この教会が指摘された第一段階は、彼らの主への献身が熱意を欠いた生温いものであり、そのため教会の外に向かってまったく証しとなっていないという現実であった。次の第二段階は、ヨハネが彼らの自己欺瞞について語った時である。彼らは自分たちが裕福で、特別であるとの妄想に生きていたが、実際は惨めで、貧しく、裸で、盲目であった。彼らはまた、この二つの問題が互いに別々なものではないことを理解する必要があった。彼らを空虚で役に立たない無意味な（生温い水のような）生活へと導いたものは、彼らの自己欺瞞であった。この二つのことは互いに密接に結びついている。

しかし、ヨハネは第三段階をそこに付け加える。これら二つのことよりもいっそう深刻な問題は、あなたたちがイエスを忘れ、イエスを道の途中に残し、見失ってしまったこと――まさにそのことが問題なのだ！　と言う。それゆえ、もしこのことを修正したいのなら、始めるべきはこの第三段階であると言う。かつてイギリスの牧師であったキャンベル・モルガン（Campbell Morgan）はこのことをよく理解し、「生温さの唯一の治療法は、排除されたキリストに再び入っていただくこと（re-admission）である」と書いた。この点をよく理解することが本当に重要である。この生温さは熱くなるように努力することで解消できるものではない。また自力で自己欺瞞から抜け出すことができるものでもない。これら二つの問題は、私たちが自覚しているよりもさらに深く私たちに根づいている。これを変えるためには助けが必要である。実は、これを助けることができるのはイエスだけである。

イエスのノックを、特にその御声を聞いて最初にするべきことは、扉を開けてイエスを招き入れること――ある場合は再び、または初めて、心から招き入れることである！

ともかく、イエスを教会へ招くということ自体が興味深いことであるが、しかし、明らかなことはこの〔勧め〕がまた個人にも向けられていることである。これが驚くべきことなのは、聖書では〔通常〕まさしく個人よりも、むしろグループ全体に働きかけるのを是としているからである。ここにある個々人への招きをグループから切り離して見るべきではない。グループであるということは相変わらず重要である。しかし、神の計画において個人は時に大変意義ある役割を果たすことができるし、御国のために大きな働きをするものである。私はこのことは教会の指導者たちに、神の国における個人の役割を見逃すことなく思い起こさせようとするものだと思う。私たちはよく大きなグループで働くことを選択するが、主は時に小さな、ごく小さなグループで始めることをも願われる。私たちはこのことを見過ごしてはならない。

20節の第二の部分で、イエスはご自分の招きをもう少し先に進めて、「もし誰かが、私の声を聞いて扉を開くならば、私は中に入って、その人と共に食事をするであろう」と言われた。イエスは非難したり、説教するためではなく、特に私たちと食事をするために入ろうとされるのである。この食事とは何を指し示すのか。聖書において食事を共にするとは、友情や生活での交わりを指すものである。神の国においては意味ある人生と奉仕は業によってではなく、育ちつつある愛によって、関係の深まりによって、親密な交わりから始まるのである。業を始める前に、キリストと神と聖霊との関係をまず回復し、修復し、確固たるものにすることから始めなければならない。モリスは、ここで用いられている言葉は、いわゆるディナーを指すものであり、友人が共に時間を過ごして楽しむ食事、ゆったりしたもので、駆け込む食事ではないとする。まさに親しい交わりと愛の時である。しかし、教会においてキリストが臨在される祝宴の食事と言えば、それは他でもなく聖餐のことである。それは確かにここでの情景が指すものである。聖餐はキリストが私たちの間に臨在なさり、改めて主がどなたであるのかを、また主が私たちのためになさったことのすべてを私たちに思い起こさせる場である。聖餐は私たちとキリストの関係が毎回更新される場であり、私たちはそこで再び赦しを受け、キリストと再び結ばれ、養われ、新しい従順と奉仕へと励ましを受ける。それはまた困難な時に慰められ、やがて新しいエルサレムで皆が共に小羊の婚宴の席に着くことに、互いに思いを馳せる場でもある。

この節の最後の部分にあるイエスの発言の相互主義を見過ごしてはならない。ただ主が私たちと共に食事を祝われるだけではない。私たちもまた主と共に食事を祝うのである。キリストに仕え、主に心を献げることは、私たちの人間性や個性を殺してしまうことではなく、それを認め、尊重することであり、まさにそれらを花咲かせることなのである。

７　三位一体の神との交わり――礼拝と宣教の開始

この手紙の最初と最後は、イエスに強く焦点が当てられている。最初にイエスは「アーメンである方、真実な方、忠実で真実な証人、神に造られたものの源である方」と紹介されている〔14節〕。そして最後にイエスは教会に対して、勝利を得る者――すなわち、最後まで忠実である者――には私の座に着かせよう、ご自分と同じように勝利を得させ、父と共に玉座に着かせようと約束される〔21節〕。

ここで私たちは何を聞くべきなのか。この手紙の最初のところで描かれたイエスの姿は、その忠実と真実に強調点が置かれていた。このことは、この教会が誘惑と欺き、特に、ローマの帝国主義の諸制度とその協力者たちが約束した見せかけの繁栄に騙されていることをヨハネが危惧していたことを背景として聞く必要がある。それは実際に、ラオディキアで起こりつつあった。その彼らに対して、ヨハネはイエスこそ真理であり、真実さと信頼性に並はずれて卓越しておられることを印象づけようとしたのである。ボウカムは、真実――それも福音の真実――がこの手紙において問われている最も重要な事柄であったとする。

イエスを「神に造られたものの源である方」と呼ぶ、この意味を確定するのは難しい。多数の注解者たちは、これはイエスの創造への関わりを指すものであるとし、この主題の重要性を確認する箇所としてコロサイの信徒への手紙1章15－20節を引用する。彼らは、特にグノーシス主義の霊肉二元論と闘うためにこの表現を用いていると言う。それに対して、ビールのような人は、ここで創造というのは最初の創造のことではなく、むしろ神の新しい天と新しい地の創造を指しているとする。神がもたらされるその新しさと栄光は、ラオディキアの人々が自分たちの町が持っているものを誇ろうと試みたことと対比される。イエスはラオディキアの最上のものよりも偉大で、優っておられる。イエスこそまさに人間の生活を根底から変える富と財宝を、白い衣を、塗り薬を与えることができる方であられる。

そして最も幸いなことに、イエスは私たちを金銀よりも、この世界が私たちに与える最高のものにも優る新しい交わり、新しい関係に招き入れてくださるのである。私たちが最後まで忍耐し勝利するなら、イエスは私たちを共に玉座に着かせてくださる。このことはマタイによる福音書19章28節で、イエスがご自分の弟子たちを一二の座に共に着かせると約束されたことを思い起こさせるものである。しかし、玉座のことはあまり考えてはならず、このことは私たちとイエスの間の深い結合を指すものと理解すべきである。主がおられるところに私たちもいることになる。主と共にいる時に起こることは、主が私たちの兄であり、私たちは聖霊によって主と一つにされているゆえに、私たちにも同様のことが起こる。私たちは神の国に入れられて、新しい都エルサレムに属するようになる。父がイエスを受け入れてご自分の右に着かせられたように、イエスと同じように勝利する私たちも、父と子と聖霊との交わりの中に入れられるのである。

私を驚かせたのは、ピーターソンが、最後のラオディキアの教会は神を礼拝し、賛美することを学ばねばならなかったと言っていることだ。その意見に驚いたのは、この手紙を一見すると、あまり礼拝や礼典について言及されていないからである。しかし、繰り返し読むなら、この手紙の最後に聖餐のことが明確に示されている。この手紙はまた、イエスを教会のアーメンである方と呼ぶことから始まっている――これは通常、礼拝の中で用いられる言葉である。ピーターソンは自身の意見を二つの面で正しいとする。彼らは礼拝においてただ口で主を崇拝するだけでなく、彼らが所有しているものによっても主をほめたたえることを学ぶ必要があった。彼らはそうせずに、何であれ持っている物を自分のものと考えていたからである。イエスはもう少し先に進み、（自分たちは誰の助けも必要ないと考えていた）彼らは賜物を受けることを学ぶ必要があると言われた。そうすれば、彼らはそれによって主と人々に仕えることができる。私たちは次のように言うべきである。すなわち、「彼らは自分たちが持っており、また受けているものを、神の国の到来（完成）と神の宣教の業に役立たせることを学ぶ必要があった」と。

もちろん、ピーターソンは正しい。もしラオディキアの教会が生温さという呪縛から抜け出そうとするならば、自分たちの宣教の召命を受け入れて主に用いられるものになろうとし、それに加えてより多くの時間をキリストの臨在の前で過ごし始める必要があったのである。彼らはキリストの御声を聞いて、主を招き入れるべきであった。彼らは、私と共に食事の席に着くようにとの主の招待を受け入れて、主に耳を傾け、主に目を向けることに時間を費やすべきであった。そのようにして、キリストの栄光を見つめ始め、キリストはどなたであるかを見るなら――それは、神とその愛の真実で忠実な証人、新しい天と地を創造されつつある方、私たちに白い衣を与えることができる方、ラオディキアの銀行よりもさらに多くの金銀を持っておられる方、自分自身と世界をよりはっきりと見ることができるよう私たちの目を開かれる方、偉大なアーメンである方、玉座に着かれる方、そして燭台の間を歩んでおられる方である――、もし私たちがこの主を鮮明に見るなら、生温さは消え失せて、私たちは自ずと宣教の業に喜んで携わる教会となるのである。

第三部　聖霊が今日、私たちと教会に語っておられること

第一五章　本書の教会での用い方

私は「序文」のところで、黙示録にある諸教会への七つの手紙を今日の教会に役立てるために、どのように用いることができるかについてのドーソンの有意義な提案のことを語った。彼の提案は、黙示録をさらに熟読し、本書を執筆するに至る動機の一つとなった。私は現在の教会、特に個々の教会が聖書のこのすばらしい書物から多くを学ぶことができると今なお考えている。個々の教会がこの書物のメッセージに一緒に耳を傾け、さらにこの書物から聞いたことを一緒に話し合うのは良いことであると思う。そのようなわけで、本書には教会における課題整理や計画立案に用いることができるような大変有益な枠組みや緒論を記すこととした。

しかし、近道を求めてはならないと思う。黙示録のメッセージによく耳を傾ける前に、性急に協議に入ったり、計画立案や実行に移ろうとしない方がよいと思う。黙示録のさまざまな箇所で、教会は聖霊が語られることによく耳を傾けるようにと言っている。私たちプロテスタント教会は、御言葉に耳を傾ける時、特に聖霊が私たちに語りかけてくださると信じている。理想的には、まず、黙示録とそこにあるメッセージに耳を傾けて、次にその内容について話し合い、最終的に聖霊が私たちの召命について告げようとされることに耳を傾け、そして課題の整理作業へと入ることである。本書の内容を、次の四つの段階に分けて行うことが良い方法であると思われる。

メッセージと説教

まず最初にすべきことは、本書の内容を連続した説教として語ることである。教会の大多数の人々はこの方法で黙示録のメッセージを耳にする機会を得る。本書の一四の章を第一部と第二部の内容に分けて、それぞれ一定期間継続して語るのがよいと思う。最初の七章は特に教会のことに限らず黙示録のメッセージについてであり、ヨハネがどのようにイエス・キリストの福音とその意味を、独自の方法で私たちに語っているかを説明していると言うこともできる。私はこの部分を足早に済ませて、次の教会の部分へと進まない方がよいと思う。その理由は、西欧の多くの教会は、教会のあり方よりも、福音について不十分にしか理解していないことが問題であると思うからである。第二段階で、七つの教会へのメッセージを取り扱う。この段階で、私たちはどのような事柄が私たちの教会と関わっているのかという問いへと向かって行くことになる。

ペンテコステの期間に最初の七つのメッセージを提供し、続いて第二段階として諸教会への手紙を連続して説教するというのが実践的で、実行可能な計画である。

小グループでの話し合い

私たちがヨハネの教えに忠実に従おうとするならば、黙示録のメッセージを説教しただけでは十分ではない。それ以上のことをする必要がある。それぞれの手紙の最後に、毎回のごとく「耳のある者は、霊が諸教会に告げることを聞くがよい」という声がある。これらの手紙は諸教会の指導者たちに宛てられたものであるが、興味深いことに1章3節の命令は、これらの手紙は教会全体で朗読されるべきものとしている。これらの手紙は、ヨハネがその時代に生きた諸教会と教会員に向けて書いたものであった。主がヨハネを通して諸教会とその指導者たちに多くの示唆と助言を与え、諸教会がそれを分かち合い、決断を促すことがその目的であった。まずは聞くこと、そして次にその情報と指示にどのように応えていくのかである。私たちは当時の話し合いというものがどのようになされたのかは分からない。今日であれば、聖霊が今日、私たちの教会に語られることを全員が耳にする機会が得られる、教会での話し合いへと導かれるべきであると思う。

そのような話し合いはもちろん、さまざまな方法で行うことができる。（礼拝の中で、また礼拝の後で）大きなグループでも、小さなグループでも話し合うことができる。日曜日の礼拝でメッセージを聞き、その後に本書の関連ある章をグループで一緒に読み、さらに深く語り合うのもよい。

主が今日、私たちの教会に語られていると聞いたことを、一緒に手紙に書く

私が推奨したいのは、ドーソンの提案のように、メッセージに耳を傾けグループで話し合う過程の最後に、自分たちの教会への手紙を書くことである。ドーソンは諸教会への七つの手紙によく耳を傾

けた後で、聖霊が今日、自分の教会に告げようとしていることを一緒に手紙を書くよう勧めた。私たちも小さなグループで、一人一人がその間に耳にしたことを書き留め、最後に手紙を書くことができる。もし一〇か二〇のグループからそのような手紙を受け取ったなら、次の段階において共同作業するためのすばらしい題材を得たことになる。

より大きな課題整理のために

聖霊とその御業のことを取り扱った第六章で、ヨハネは黙示録の中で四回繰り返して、霊が彼のところに来て、彼を特別な場所に連れて行き、いくつかのことを見せたという興味深い現象に言及していることに触れた。聖霊がヨハネに見せた四つの光景は、次の通りである。

- 玉座に着かれた神と巻物を開くことのできる小羊、イエス（4・1〔4－5章〕）
- 主が私たちと共に向かわれる新しい将来、新しい都エルサレム（21・10〔以下〕）
- バビロン――神なしの世界――の虚栄心と苦痛（17・3〔以下〕）
- 神によって選ばれ、人類に福音をもたらす証人〔イエス〕と働き手である教会（1・10－13）

そして、これら四つの「光景」は、教会が受けた召命とはどのようなものかを明らかにするための整理作業に、枠組みを提供すると言った。

この四つの「光景」は順番を入れ替えることもできるが、どちらかと言うと、これらすべてが宣教の召命を真剣に受け取る教会にとって本質的なことであるので、右の順序で話し合う方が良いだろう。

A　まず、最も重要なことは、私たちが現在仕えている三位一体の神とはどなたであるか、イエス・キリストの福音は今日、人々にとってどのような意味があるのかを知ることであると、私は確信している。多くの展望を描いても整理する作業が進まないのは、私たちが神を見つめ、福音に耳を傾けること（言い換えると、神を礼拝しつつ、聖書そのものに耳を傾け神学すること）に十分な時間を割いていないからである。黙示録についての一連の学びにおいて、ヨハネが福音について――特に父なる神、イエス、そして聖霊について――私たちに教えていることによく耳を傾けることである。他の時には聖書の他の書物を用いてこのことを行うこともできる。

B　私たちが耳を傾けるべき第二のことは、主が私たちと共に歩まれる将来について、聖書はどのように語っているのかである。これは大変重要なステップである。というのは、私たちは教会において、神の新しい天と新しい地という主題を長い間過小評価してきたからである。第七章において、これは私たちがその代償を払わされている誤りであることを説明しようとした。私たちはこれまで、新しい、希望に満ちた将来についてのキリストの約束に信頼するようにあまり強く証しをしてこなかった。そのことがキリスト教を、恐れと不安に陥れるものにしてしまった。このことが私たちを縛っている。というのは、私たち人間は前に向かって生きるように造られたのに、もし将来が不安になるならば、多くの物事がまったく混乱してしまうからである。主が私たちのために計画しておられることをはっきりと知ることは、私たちが今日、何を第一とすべきかを決定するための助けとなる。

C　第三に、私たちは自分の生きている世界をよく見ることが必要である。世界はただ新聞やその他の放送局の解説の手にあるのではなく、キリストと聖霊の臨在のもとにあることを学ぶ必要がある。聖霊は私たちに人間の行いの深いところを見るようにさせ、人々の行動の深い動機、欲望（そして罪）を見るよう助ける。しかし、聖霊は思いやりと愛をもって見るようにも助けるので、私たちは人々の恐れや不安、苦痛、絶望にも目を向けることができるようになる。教会的な見方を私たちに教えてくれる書籍や他の資料は多数ある。

D　最後に、私たちはいつも自分自身の教会を見ることが大切である。教会員とその賜物、能力を見ることが重要である。主がこれまで私たちと共に歩まれた教会の歴史を知ることが大切である。主が私たちの周囲に与えておられる問題や課題を教会員たちがどのように考え、どのように感じているか、一人一人の召命をどのように理解しているのかを知ることが大切である。同様に重要なことは、主がご自分の教会を知っておられ、用いようとしておられることである。私自身の教会の大問題と思われることの一つは、私たちが教会の持っている可能性をまったく過小評価していることである。私を励まし、動かし、そしてまさに本書を書くように促した箇所は、黙示録1章12節〔以下〕の、まさに主は生きておられ、復活したキリストがご自分の教会の間を行き来しておられるのを、ヨハネが見たという箇所である。私たちは独りではない。もし私たちが自分の目を一途にキリストに向け続け、聖霊に耳を傾け続けるならば、私たちは自分が考えているよりももっと多くのことができるのである。

主な参考文献

多く参照した文献

Bauckham, R. 1993. The Theology of the Book of Revelation. Cambridge: Cambridge University Press.〔R・ボウカム『ヨハネ黙示録の神学』（叢書新約聖書神学15）飯郷友康・小河陽訳、新教出版社、二〇一〇年、オンデマンド版。〕

Bavinck, JH. 1964. 3e druk En Voort Wentelen de Eeuwen: gedachten over Het boek der Openbaring van Johannes. Wageningen: NV Gebr. Zomer en Keunings Uitgeversmaatschappij.

Beale, GK. 1999. The Book of Revelation（New International Greek Testament Commetary）. Grand Rapids: Eerdmans.

Blevis, JL. 1984. Revelation. Atlanta: JKP.

Boring, ME. 1989. Revelation（Interpretation BCTP）. Louisville: JKP.〔M・E・ボーリング『ヨハネの黙示録』（現代聖書注解）入順子訳、日本キリスト教団出版局、一九九四年。〕

Caird, GB. 1966. A Commentary on the Revelation of St John the Divine（Black's New Testament Commentary）. New York: Harper & Row.

Du Rand, J. 2007. Die A–Z van Openbaring. Vereeniging: CUM.

Gorman, M. 2011. Reading Revelation Responsibly. Eugene: Wipf and Stock.

Malina, BJ. 1995. On the Genre and Message of Revelation. Peabody: Hendrickson.

Peterson, EH. 1988. Reversed Thunder: The Revelation of John and the Praying Imagination. New York: Seabury Press.
Roloff, J. 1993. The Revelation of John. Minneapolis: Fortress Press.
Talbert, CH. 1994. The Apocalypse. Louisville: WJK.
Thomas, JC & Macchia, FD. 2006. Revelation（Two Horizons NTC）. Grand Rapids: Eerdmans.

その他の参考文献

Aune, DE. 1997. Revelation 1–5（WBC）. Dallas: Word.
———. 1997. Revelation 6–16（WBC）. Dallas: Word.
———. 1998. Revelation 17–22（WBC）. Dallas: Word.
Blevis, JL. 1984. Revelation as Drama. Nashville: Broadman Press.
Botha, E. et al. 1988. Reading Revelation. Pretoria: JL van Schaik.
Ellul, J. 1977. Apocalypse. New York: Seabury Press.
Morris, L. 1971. Revelation. London: Tyndale Press.〔レオン・モリス『ヨハネの黙示録』（ティンデル聖書注解）岡山英雄訳、いのちのことば社、二〇〇四年。〕
Schüssler Fiorenza, E. 1991. Revelation: Vision of a Just World. Minneapolis: Fortress Press.

訳者あとがき

『開かれている門――ヨハネの黙示録のメッセージ』（Oop deure: Wat Openbaring ons oor kerk se lewe en roeping leer, 2020）は、南アフリカ共和国の公用語の一つであるアフリカーンス語（オランダ語を基礎とした世界で一番新しいとされる言語）で書かれた。原書の副題は「ヨハネの黙示録が教える教会生活と教会の召命」である。

著者によると、「開かれている門」（Oop deure）という表題は黙示録3章8節から採ったもので、原文を直訳すると「開いている扉」（複数形）となる。聖書協会共同訳は「扉」を「門」と訳しているのでそれに合わせた（ギリシア語の「テュラ」は扉と門のどちらにも訳される言葉である。聖書協会共同訳は「戸」［マタ6・6］、「戸口」［マコ1・33］とも訳している。なお、本文中の聖書引用箇所の訳文は聖書協会共同訳を用いた。ただし、原書の趣旨によって一部文言を変えた箇所もある）。また「開かれている」と受け身に訳したのは、その門が自然に開いているのではなく、イエスが「門を開けておいた」と言われるからである。

本書の著者のクニィ・ベルガー博士は、南アフリカ共和国立ステレンボッシュ大学神学部を卒業して、南アフリカ・オランダ改革派教会（Nederduitse Gereformeerde Kerk in Suid Afrika［以下 NGKerk］）

の牧師として働かれる中で博士号を取得（教義学）。その後長年にわたって、同大学の神学部で教派を超えて若い神学生を対象とした教育機関の所長として神学教育に携わってこられた実践神学者、説教者、さらには教会指導者である。同博士はこの国の政府が行っていたアパルトヘイト政策の廃止に至る過程でNGKerkの総会議長を務められた。

クニィ・ベルガー博士の著書は本書の「序文」にある『イエスは今どこにおられるのか』（Waar is Jesus nou?）をはじめとして数多くある。特に二〇一七年、洗礼に関する共著『あなたが授かったものを受け取りなさい』（Ontvang wat ver jou gegee is, 2016）で、この国で優れたキリスト教著作者に贈られるアンドリュー・マーレー賞、その他にも南アフリカアカデミーのトーシャス賞などを受賞された。

本書は黙示録のある箇所については詳細な議論をしているが、その全般にわたる注解書ではなく、また学術論文の体裁で書かれたものでもない。性格的には「説教」に分類されるものである。その理由は、本書が教会に集う信仰者たちを対象に執筆されたものだからである。しかし、本書は黙示録が書かれた本来の意図に沿った読み方をし、かつそこに記された教会へのメッセージを的確に読み取り、さらに時代を超えて今日の教会に向けて実践的解説をしている点で大きな価値がある。

私が本書を翻訳しようとした理由は、まさにそこにある。黙示録についての注解書、またそれに関係する文献は近年も多く書かれており（「主な参考文献」を参照）、日本語でも数多く読むことができる。しかし、著者が述べるように、黙示録――そして聖書の他の書物も――は個人で、また机上で学問的に研究することを念頭に書かれたのではなく、歴史を実際に生きた教会に宛てられ、教会を励まし整えるために書かれた書物、また手紙であり、本来は教会の礼拝の中で朗読され、説教され、聞かれるべきものである。その意味で、本書は黙示録が求めているその本来の読み方をしていると確信するものである。

訳者は著者と同様に、「聖書は霊感を受けて書かれた神の言葉」と心から信じるが、同時に、聖書研究の結果、聖書という書物は「神がその時代に生きた人間を用いて、人間の言葉で書かれた神の言葉である」という立場を採る。それゆえ、自然と歴史の中に啓示された神ご自身とその御心、また神と人間とこの世界の関係について正確に把握しようとするならば、歴史的、文献学的アプローチで読むことが聖書の本来的読み方であると確信する。さらに聖書の中のある書物を「聖書の中の聖書」のようにしてではなく、黙示録を含む聖書全体に耳を傾けることによって、聖書が一貫して語る神ご自身とその御心、また神と人間とこの世界の関係についての計画を知ることができると確信している。

本書は黙示録という書物を、いわゆる、これから後に起こる歴史——未来——を「予言する」書物、すなわち、歴史の終わりにまでに起こるさまざまな出来事を年代順に羅列したもの、また歴史的、地理的に時空を超えて、無時間的に語られたものとしてではなく、ある特定の状況の中に生きる教会のクリスチャンに向けて書かれたものとして読む。つまり、一世紀末の小アジア（現在のトルコ西部）においてギリシア・ローマ社会における苦難や誘惑の中にある諸教会に宛てられた書簡（手紙）と定義している。それと共に、4－22章の特異な表象や表現で書かれた箇所をその時代（特にユダヤ教内部で）流布していた「黙示文学」と定義し、その文学様式の持つ特徴、主旨を考慮した上で、そのメッセージに注目し、諸教会の信仰を正すために指示し、慰め、励まそうとしたものと理解する。訳者もこの読み方に賛同する。

その上で、本書の特筆すべき点がいくつか挙げられる。第一に前述したように、黙示録が求める本来の読み方に沿って読んでいることである。具体的に言うと、まずヨハネが語る世界と歴史の真の姿、またそれに基づく教会への福音的メッセージを先に解説し、その後に教会の具体的な課題や約束を取り扱う、その構成である。

黙示録という書物を読む時に、2－3章にある諸教会への手紙にある称賛や叱責、そして約束は、1章と4－22章で明らかにされた、目には見えないが確かに存在する、もう一つの永遠に続く現実に基づいて語られたものである。それゆえ、教会が生命を得、刷新されること、また信仰者たちの信仰の再生は、イエス・キリストの福音とその現実の姿を信仰の目を通して見ることによる以外、あり得ない（二コリ4・16－18、エフェ3・1－4参照）。本書はこの点を明確にしている。

第二の点は、黙示録が告げる福音理解を提示して、特に宗教改革の教会的、神学的伝統を受け継ぐ教会に対して、キリストの福音、そして神学の全体構成や内容の再考を促していることにある。

今日までの教会が告白してきた信仰箇条や過去の神学書を学ぶことは、もちろん重要である。しかし、長い伝統を持つ教会（教派）の神学（教義学）は、教会が生きた歴史の中で生み出され、培われてきた人間的制約があることも否定できない。それで、教会はとどまることなく聖書に、神の言葉に耳を傾けて、絶えず神とその御心をより正確に理解しようとする熱意を持ちつつ、これまでの神学を検証し続けることが必要である。その場合、私たちは長年軽視されてきた黙示録を含めて「聖書全体」に目を向けて、異なる時代、地域、文化の中に生きている人々に神を、神と私たち人間、社会、そして世界との関わりを告げ、人々を慰め、励まし、実践へと促す作業を継続して行う必要がある。神の御心、神の計画全体は、最後にその全貌が明らかになるもので、神の国が完成へと向かいつつある現在は、福音の理解も神学もいまだ完成への途上にある（一コリ13・12－13）。それゆえ、神の言葉に絶えず耳を傾けつつ神学し続けることは、教会がキリストの教会であるために不可欠な務めであると確信する。

それと共に、これまでの神学（特に伝統的な教義学）は、聖書の教えをひたすら論理的、体系的に構築することであるかのようになされてきた。その一方で、聖書は旧約聖書や黙示録のように、神と世界、また特に神と教会との関係、そこにある目には見えない現実の姿を具体的に告げようとしている。このことにもっと注目して、神学や説教は、目には見えない霊的な現実をできる限り可視化できるよう構築する必要があるだろう。

第三の点は、本書がクリスチャンの教会生活のために、さらには教会が宣教的になるために、神礼拝の重要性を繰り返し強調していることである。これは第二の点と深い関係にある。一六世紀のヨーロッパで起こった宗教改革において「福音」として強調されたのは、「信仰義認」であった。パウロがローマの信徒への手紙で（ガラテヤの信徒への手紙でも）「神の福音」として強調している原理である。確かに「信仰義認」は、神がキリストにおいて明らかにされた福音の重要な側面である（ちなみにこれは、当時の誤ったユダヤ教理解を背景に福音を強調したものである。一コリ15・1－11と比較。ここでは福音とは十字架と復活であると定義されている）。しかし、神の福音はこれであると定義してしまうことには、神が旧約の時代、そして新約の時代にイエス・キリストにおいて啓示された福音の全貌を矮小化してしまう危険性もあると思う。

そして、現実に、福音を「信仰義認」とだけ理解する結果、信仰生活が精神的、個人主義的なものとなり、教会に加わること、主の日ごとに教会で共に神を礼拝し、聖餐にあずかるという霊的共同体意識が希薄となるという現象を今日生み出している。

著者が繰り返し語っているように、宣教への召命の自覚と熱意は、教会における神礼拝に始まり、人々を神礼拝へと招くことにかかっている。それゆえ、宣教的な教会であるためには、現在行っている神礼拝（説教を含めて）を検証して、それを刷新、充実、向上することが不可欠で、絶えず礼拝の質を高める努力が必要である。

地上の諸教会は神の国の地上での現れであって（エフェ1・23、コロ1・18－20など）、主の教会における礼拝（また聖餐）は、復活して生きておられるイエス・キリストがそのただ中に臨在なさる神の国の祝宴の場である（エフェ2・17－22）。

神は罪によって堕落した人間に対して、アブラハムを選び（創12章）、彼と契約を結ばれたことにおいて（創17章）すでに「福音」を明らかにされた。そして、神がイエス・キリストにおいて啓示された福音とは「神の国は近づいた」（神の国の到来）というものである（マコ1・14、マタ4・17、ルカ4・17－21、9・2など）。イエスが「近づいた」と告げられた「神の国」とは、神の赦しに基づき、神が人々を恵みにより支配されることを意味する（コロ1・13）。これは実質的に、旧約時代の神が民と結ばれた契約と同じものである。両者は表現が異なるが、その神学的内容は一つである。神が啓示された「福音」を一言で言うとすれば、神は歴史の中で人間と自然を本来の姿に、つまり、創造されたその姿へと回復なさるということである。それゆえ、現在という時は、神がイエスにおいて神の国を回復し、紆余曲折を経てそれを完成される途上にあるのである。黙示録は特に、この現実の姿を私たちに告げている重要な書物であり、本書はそのことを改めて知らされる重要な助けである。

本書は、著者が生まれ育ち、生きて来られた南アフリカ共和国という国と社会、教会の歴史と現状を踏まえて書かれたものである。著者の属するNGKerkは一七世紀中葉に起源を持ち、それ以降、南アフリカにおけるアフリカーンス語を母語とする主にオランダ系（ドイツ、フランス、スコットランド系も含む）の人々の信仰と生活の霊的支柱となってきた教会である。NGKerkの内に培われた一つの特徴は、この国に住む人々とアフリカ南部の諸国の人々への福音宣教と教育に長年携わってきた、熱心な教会であるということである。

その一方で、NGKerkは、一九四六年以降のこの国の複雑な歴史的、社会的、人種的な現実と背景に基づいて政府が推し進めた「アパルトヘイト政策」（その基本的な理念は、「それぞれの民族がそれぞれの土地で、自分たちの言語、文化を保ちつつ発展する」ことであった）を積極的に批判せず、むしろ是認した。政府がその政策を推進した結果、黒人やその他の人種の人々への差別と不公平が生じ、悲惨、悲劇を生むことになったため、NGKerkは世界の国々と教会から厳しい批判を浴びた。

NGKerkはこの政策に対して、一九九〇年の全国総会で明確に「アパルトヘイト政策（人種隔離、分離政策）は非聖書的であり、異端的な教えである」（『教会と社会』一九九一年）と宣言して、その廃止に尽力した。それ以来、同教会は南アフリカという複雑な多人種社会においてキリストの教会としてのアイデンティティーを改めて確立し、宣教の体制を刷新する必要に迫られた。特に、それまで人種別に形成されていた改革派教会の再統合や、世界教会協議会の再加入など、NGKerkは新しい歩みを始めている。

一九九四年に黒人を中心とした現政権となって以来、南アフリカ共和国の社会、経済、そして教会に大きな影響と変革がもたらされた。現政権は、政府だけではなく政府の諸機関と企業から白人を排除する一方で、汚職や不正が蔓延し、失政を重ねに重ねた結果、政府政権に近い一部の黒人は驚くほど裕福になったが、国営企業はすべて多額の負債を抱えて倒産状態に陥っている。また貧富の差がますます広がり、コロナウイルス流行前の統計では失業率が約三〇%以上、スラム街が拡大し、路上生活者が増加、犯罪が増加、蔓延しているという状況にある。本書はその現状の中で、この地の教会に向けて執筆されたものである。

本書との出会いは、訳者が二〇一九年九月末に牧師を定年隠退して、南アフリカに滞在した時であった。二〇二〇年初頭から世界中にコロナウイルスが蔓延して、政府はロックダウンを発令し、ここ南アフリカでも外出もままならない状態であった。その中で、訳者の大学（神学校）時代からの旧友であり、牧師、同僚として長年日本宣教にも深く関わり、さらには本書の編集と出版に携わったヒデイオン・ファンデルバット博士から本書を紹介された。一読の後、訳者は本書のメッセージは日本の教会にとっても大変有益だと確信し、すぐに翻訳しようという思いに導かれた。

本書の出版に向けて準備をしている中で、ロシアによるウクライナ侵攻が開始された。まさに黙示録が告げるように、「世界はうまく動いていない」ことを痛感し、心を痛めている。「主イエスよ、来りませ」（黙22・20）と祈る日々である。そのような世界に生きる読者の方々が、父なる神、イエス・キリスト、聖霊なる三位一体の神に人間の唯一の希望があることを知り、神への信頼を強くするために、本書が役立つことを切に願う。

この機会に私を牧師として召してくださった神をほめたたえると共に、その働きを祈りをもって支援してくださった日本キリスト改革派教会、特に札幌教会、東京恩寵教会の主にある兄姉に感謝を表したい。

また、本書の出版を承諾してくださった教文館の渡部満社長、出版部の髙木誠一氏に心から感謝する。特に訳文を丁寧にチェックして、読みやすい文章に編集してくださった石澤麻希子氏に心から感謝する。

最後に、詳細なアフリカーンス語と日本語の対訳辞書やアフリカーンス語の文法書がないため、翻訳作業をする中で忍耐強く私の質問に答え、助言してくれた妻マレッタに深く感謝する。

三野孝一

二〇二二年三月、ケープタウンにて

《訳者紹介》

三野孝一（みの・こういち）

1949年、北海道富良野に生まれる。獨協大学卒業、神戸改革派神学校卒業、南アフリカ・ステレンボッシュ大学神学部修士・博士課程修了、神学博士（旧約学）。日本キリスト改革派田無教会、札幌教会、東京恩寵教会牧師を歴任。その間、改革派神学研修所所員（旧約学担当）、所長。現在、東京恩寵教会名誉牧師。

著書 『聖書と歴史における女性の位置と役割』（共著、神戸改革派神学校／聖恵授産所出版部、1992年）。いのちのことば社出版部編『新キリスト教辞典』（いのちのことば社、1991年）、宇田進、富井悠夫、宮村武夫編『実用聖書注解』（いのちのことば社、1995年）、クリスチャン新聞編『聖書66巻がわかる』（いのちのことば社、2002年）項目執筆。

開かれている門――ヨハネの黙示録のメッセージ

2022年7月15日　初版発行

訳　者　三野孝一

発行者　渡部　満

発行所　株式会社　教文館

〒104-0061　東京都中央区銀座4-5-1　電話 03(3561)5549　FAX 03(5250)5107

URL　http://www.kyobunkwan.co.jp/publishing/

印刷所　モリモト印刷株式会社

配給元　日キ販　〒162-0814　東京都新宿区新小川町9-1

電話 03(3260)5670　FAX 03(3260)5637

ISBN 978-4-7642-6753-4　　Printed in Japan